黒子先生の見えざる指導力

経堂小学校指導教諭
横田富信

東洋館出版社

はじめに

私は、大学を出てすぐに教師になりました。最初の学校は単学級で、学年の担任は私一人きり。いまどき珍しいことではないかもしれませんが、一緒に学年を経営する同僚がいないのは、時に心細いものでした。たいした社会経験もなく、いきなり担任を受けもった私です。とにかくも、その1年は1日を過ごすことに精一杯でした。

そんな私も、今年で教師生活19年目。いまの私の目線で初任時代を振り返ると、「もっと、学級や授業をつくる知識や技術がほぼ皆無な、大学を出たての若手教師です。当然のほかにいいやり方があったんじゃないだろうか…」と思うことが多々あります。

ことだったのかもしれません。しかし、周囲を見渡せば、立派に教師生活を送っている同期も少なからずいました。

絵のうまさを武器に子どもたちを惹きつけている教師、熱い言葉でガンガン子どもたちを引っ張っている教師、運動神経のよさを武器に子どもと休み時間にかかわって信頼関係を築いている教師、すでにさまざまな研究会で活躍している教師など…。（周囲に苦労を見せていないだけだったのかもしれませんが）同じ時期に教師になったはずなのに、私よりもずっと先を行っているように感じていました。

子どものころから、ずっと〝教師になりたい〟と思っていた私は、「周囲を巻き込みムーブメントを起こせる」「熱く語りかける言葉が子どもの心に響き、涙まで誘うことができる」「圧倒的な存在感で、いつまでも語り草になる」そんなリーダーシップを発揮できる教師になりたかった。だから、そのためのさまざまなチャレンジをしてきました。

しかし、どうにもうまくいかない。先輩や同期の姿に少しでも近づこうとするのだけど、かえって遠ざかっていくような違和感を感じていました。

結論から言うと、私は、俗に言うガンガン人を引っ張っていくタイプの教師ではなかったのです。だから、うまくいきようがありません。そもそも、私の性分に合わないのですから。

思い返してみれば、確かにそう。学生時代、同級生を引っ張っていくような人間ではなかった。そんな私が、教師という職業に就いた途端、（人が変わったように）リーダーシップを発揮できるようになるわけがない。

「私は、カリスマ教師にはなれないんだな…」

そう気づいた瞬間でした。

そんな悩みを抱えていた私が、ある本の次の言葉に出合います。

「リーダーシップには、ガンガン引っ張るタイプと、周囲に支えてもらうことで発揮されるタイプがある」

このとき、私は「あれっ」と思いました。もしかして、自分は大きな思い違いをしていたのではないかと。

一口にリーダーシップと言ってもいろいろなタイプがあるんじゃないのか、ガンガン引っ張るリーダーシップがあるのなら陰で支えるリーダーシップだってあるはずだ、そんなふうに自分のとらえ方さえ変えることができたら…カリスマ性のない私だって、ちゃんと学級や授業をつくれるのかもしれない、そんなふうに思えたのです。

このような思いが出発点となって、私なりの学級と授業づくりの姿が、だんだんと見えてきたのです。それは、こういうことです。

「黒子としてのリーダーシップを発揮することができれば、子どもは『ぜんぶ自分の力だ』と思い込んで、自ら舞台に上がれるようになる」

本当にこう思えるようになったとき、しゃにむにチャレンジしていたころの違和感が何だったのか、はっきりとわかりました。それは、本当に成長させるべき自分の個性から遠ざかろうとしていたことへの違和感だったのです。

現在、私は指導教諭という役職についています。都内の教師向けに、年に数回、授業公開を行っています。まだまだ発展途上ですが、参観者の方々が何かしらのヒントをもち帰り、ご自身の学級や学年、校内体制に役立てていただいています。

相変わらず、他を引っ張っていくのが苦手で、カリスマ性のない私です。しかし、そういうタイプの教師であっても、授業を通じて他の教師に何らかの学びを示すことができるのです。

本書は、周囲を支えるリーダーシップ、どの子も主役になれる黒子としてのリーダーシップを発揮するための考え方や方途をまとめたものです。

読者のみなさんのお役に立てることを願っています。

目次

第2章　黒子としての指導力

第3章　子どものなかで無敵感が生まれる条件

第4章　授業を行う前の下ごしらえ

第5章　授業をつくる

第1章

子どもたちの姿、10の場面

〝無敵感〟に満ちた子どもたち

「教室に、温かい雰囲気がありますね」
「子どもたちが〝自分たちの授業を見てくれ！〟という感じがします」
「自信をもって対話していますね」
「まるで子どもたちのほうが、教師を主導しているかのようです」

これは、私の授業を参観してくれた先生方からいただく特徴的なコメントです。

私自身、子どもたちが助けてくれていると感じることが多々あります。毎日の授業で、子どもたちが授業の質を上げてくれているから…と。

公開授業のような特別な日の授業でも、平素の授業でもいつもと同じ。お客さんがいるかどうかなど、子どもたちにとっては割とどうでもいい。「目の前の授業のほうが大事」というくらいの印象があります。〝自分たちが自分たちを導いている〟という無意識の感覚が、きっと彼らのなかにあるからでしょう。

では、教師である私の印象はというと、どうでしょう。

真逆です。子どもたちとは対照的に、とにかく影が薄い。これに尽きます。〝あれっ、子どもたちの姿は思い返せるけど、横田先生は何をしていたっけ？〟などと思われることがあるくらいです。

こんなとき、私は心のなかで、したり顔です。黒子としてのリーダーシップが功を奏し、子どもたちがもてる力を発揮してくれていることの証左ですから。

＊

本章では、教師の指示いらずの子どもたちの姿を10の場面ごとに紹介したいと思います。

そこには、子どもたちの素敵な受け止め、反応、行動の姿があります。どれもちょっとしたことなのだけど、私には他に代えがたい姿です。そこでまず、その姿をイメージいただいたうえで、なぜそんな姿が生まれるのか、その裏側にある黒子のリーダーシップ（指導力）について、第2章より語っていきたいと思います。

【1の場面】給食準備

その日の4校時は、家庭科室での授業。終業のチャイムが鳴った後、ミシンの片づけに手間取ってしまった私は、ずいぶんと遅れて教室に戻ってきました。

〝給食の準備、どうなっているかな…〟少しばかり不安を抱きながら教室の戸を開けたのですが、その心配は杞憂だったことに気づかされます。

私の目に飛び込んできたのは、すでに給食の準備はすべて終わり、みんな席についている光景です。挙げ句の果てに「先生、遅いよ、なにやってんの、もう」と不平を言われる始末…。

「あっ、ごめーん、ミシンの片づけに時間がかかっちゃって」と子どもたちに言い訳をしながら、心のなかでとてもうれしく思っていました。

教師が教室に戻ってこない場合の対応など指示していませんから、子どもたちが自分たちで判断して行動し、終わらせていたわけです。5年生の子どもたちでした。

ちょっとしたことのように思われるかもしれません。しかし、私はこうしたことをとても重視しています。つまり、教師がその場にいなくても、（というか、いないからこそ、なおさら）自ら考え、クラスメートと話し合い、判断し、柔軟に行動に移せる、そうした力を発揮した姿だったからです。

給食準備に際しては、役割に応じた子どもたちの活動があります。

給食当番は配膳を準備、日直は「いただきます」「ごちそうさま」のあいさつに加えて、「手洗いチェック」。

流れは、次のとおりです。

①給食準備の時間になったら、まず全員が手を洗いに行く。
②手を洗ったら、「手を洗いました」と日直に報告する。
③日直は、手にした名簿にOKのチェックを書き込む。
④日直にOKをもらった子から、給食を配膳してもらう列に並ぶ。

この手洗いチェック制をはじめたのにはきっかけがあります。10年ほど前に担任していた子どもからの提案です。おそらく、手を洗わない子が多いことを見かねたのでしょう。私のところにやってきて、こう切り出しました。

「先生、ちゃんとみんな手を洗っているか、確かめたほうがいいと思う」

「なるほど」と私は言って水を向けてみました。「では、どうやって確かめたらいいと思う?」

ひとしきり考えた後、彼女は提案してくれました。「日直がやるのはどうですか?」

こんなやりとりからはじめた試みです。

給食当番や日直以外の子どもたちの役割は「もらうか、座るか、働くか」の3つです。役割を明確に定義して子どもたちと共有し、固定的ではなく柔軟に動けるようにしているわけです。これを給食準備の合言葉にしています。

「働く」というのは、自分が当番でなくても、配膳を手伝ってもいいという決まりです。割と多くの子が、「もらう」「座る」の前に、「働く」を選択しています。

【2の場面】清掃活動

そういえば、私はもう何年も「ちゃんと掃除をしなさい！」と注意した覚えがありません。

子どもたちは清掃分担表にしたがって、担当の場所と方法で掃除を行います。教室や廊下の分担は次のようになっています。このあたりは、どの学校のどの教室でもあまり変わらないと思います。

・教室ほうき
・教室ぞうきん
・廊下
・黒板
・机拭き

廊下、黒板、机拭きは、教室ほうき・ぞうきんに比べると時間がかからないから早く終わります。ときには10分とかからないこともあります。すると、廊下、黒板、机拭きを終えた子は教室に移動し、机移動など教室ほうき・ぞうきん担当の子どもたちを手伝いはじめます。そうでない子も、かごに入れている配布物などをみんなに返却しはじめます。

そうした彼らの所作に「(特別に)してあげている」という感じは微塵もありません。ごく普通に、自然に、当たり前のこととしての振る舞いです。

そんな調子ですから、その姿を見て、「きみたち、えらいね」などと声をかけたら、子どものほうがきっと戸惑うと思います。〝なにが?〟と不思議そうな顔をするのではないでしょうか。

ちなみに、その間、私はいっさい指示を出していません。給食準備のときと同じように、彼らは自分たちで判断し、行動しています。

［3の場面］子どもまつり

本校では、「子どもまつり」（年に1回）を行っています。3年生以上の各学級が趣向を凝らしてお店を出すという、いわば文化祭のような行事です。

（小学校としてはちょっと変わった取組かもしれませんが）「子どもまつり」に向けては、子どもたちで組織する実行委員を中心に進めます。特徴的なのは、「マインドマップ」（第3章でも取り上げます）を描き、それをもとに進めていくことです（資料1は私が例と

資料1　子どもまつりマインドマップ

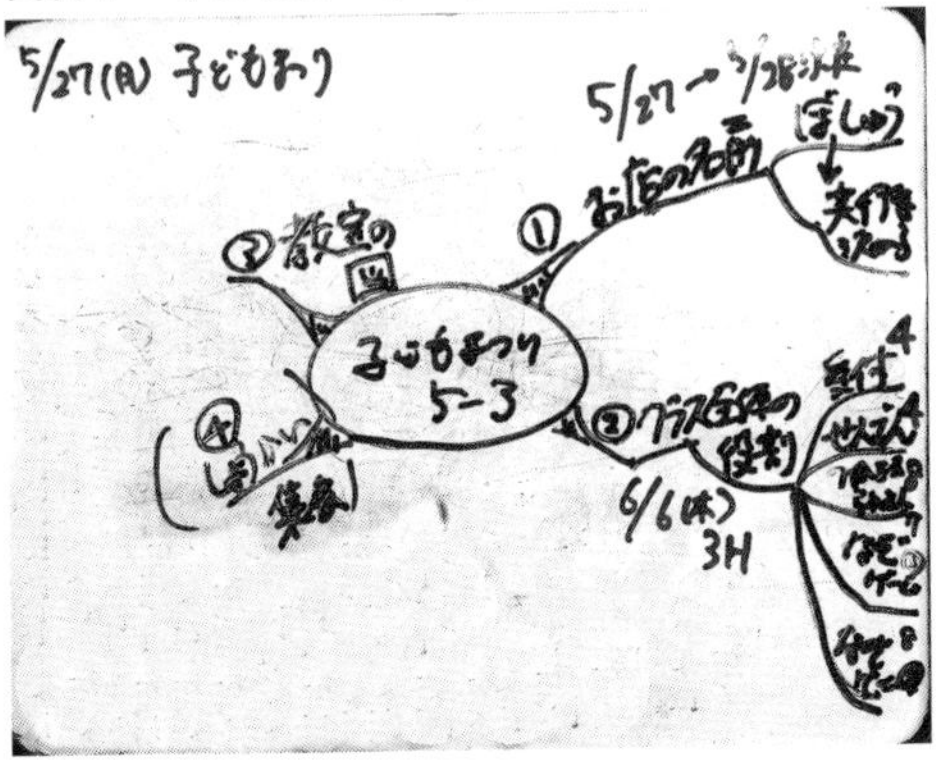

資料2　子どもまつりの様子

して書いたものですが、実際は子どもたちが対話しながら書き込みます）。

このマインドマップは、「子どもまつり」のゴールを定め、そこに至る見通しを可視化し、「材料」「ルール」「役割分担」を明確化することに役立てています。なかには、「期日」を書き込む子どももいます。

子どもたちは、「子どもまつり」をとても楽しみにしています。いわゆるお店屋さんごっこ的なレクリエーションとしてだけではない楽しさがあるからです。

●「自分たちの出店したお店を成功させる」というミッションのもとに活動計画を立てて実行する。

●あたかも校内ベンチャーを立ち上げたかのように推進し、自分たちの力でやり遂げる。

この2つが、彼らのモチベーションを引き上げ、やりがいや手応えを与えてくれるのでしょう。

本番の日。想像以上につめかけるお客さんの列。「そっちは準備、大丈夫？」「うわー、忙しい！」などとニコニコ顔で悲鳴を上げながら、お店の運営に携わっていました。

入場券（スタンプカード）が切れかかると、「先生、追加で印刷してきてください」と私に指示を出す子も現れます。

このように、少しでも成功に近づけるよう、子どもたち一人一人が考え、話し合い、店内（教室中）を駆け回る姿を毎年見ることができます。この経験は、「自分たちは普段の学校生活をどう過ごすのか」を考えるうえで、とても大きな影響を及ぼします。

［4の場面］運動会、朝練習

本校の6年生は毎年、運動会で「パレード（マーチング）」を行います。これは、本校が伝統的に行っている試み（体育の「表現」活動の一環）で、6年生にとっての花道ともいうべき活動です。

なにしろ下級生のころから何度も先輩のパレードを見て憧れを抱いてきた子どもたちです。

「6年生になったら、パレードが待っている」誰もがそう感じて、期待を膨らませています。

加えて、保護者や地域の方々、さらには本校から異動された先生方までも楽しみにしています。それだけに、担任としては、（子どもたちもそうだと思いますが）とても大きなプレッシャーの渦中に置かれます。

このように、パレードに対する内外の期待の大きさに比例して、やり遂げる大変さも大きくなります。この大変さは、教師の大変さではありません。そもそも教師がいい指導をしたから成功するというものではないからです。何よりも、子どもたち自身の積極性と自律心、飽くなき試行錯誤の積み重ねが明暗を分けるのです。

9月に入り運動会が近づくと、（どの学校もそうだと思いますが）「運動会練習割り当て」が各学年に示されます。つまり、練習はその割り当ての時間でしか行うことができません。子どもたちは少しでも練習したくて、その時間をフルに有効活用しようとします。

子どもたちはみなフォーメーション（マスゲームのような動き方を記した）プリントを手に、練習メニューをこなしていきます。このメニューも教師と相談しながら自分たちで決めます。

フォーメーションはグループごとに異なるので、お互いに声を掛け合いながらリズムを取り、実際にやってみては立ち止まり、何度も動きを確認し合います。彼らは「パレードを成功させるためには何が必要か」「そのために、自分は何ができるか」を常に考え、仲間と対話しながら自分たちの動きを修正していくのです。

[5の場面] お笑い

私の学級では、係活動を特に重視しています。試行錯誤を通した子どもたちの自主性や積極性を培うのにもってこいだからです。

誰かを悲しませるものでない限り、どんな係だってOK。子どもたちのイマジネーション次第です。「お悩み相談係」「折り紙係」など、いろいろな係が生まれます。そのなかでも、まるで申し合わせたように毎年現れるのが「お笑い係」。どストレートなネーミングです。

お笑い係の活動を披露する場は、2週間に1度。ある年の子どもたちは、毎回、オリジナルのネタをつくり、子どもたちの前で演じていました。本人たちに聞くと、ネタは家でつくっているとのこと。どれも凝ったネタばかりでした。

「先生、明日の朝、教室に集まっていいですか?」と相談を受けたことがあります。「何をするの?」と尋ねたら「お笑いのネタ合わせ!」

こんな返しがくるものだから、思わず吹き出しそうになります。

お笑い係の活動はたいていい好評でしたが、思ったように笑いがとれないこともあります。そんなときは、自分たちのネタの振り返りを行っています。ちょっと近づいていって、彼らの振り返りに耳を立ててると、改善策を練るこんなやりとりが聞こえてきます。

「『なんでやねん!』ってつっこむところ、もうすこし早めにしたらいいのかな…」

子どもたちにネタなり一芸を披露して「笑いを取る」行為が成立するためには、前提となる条件があります。それは、子ども同士に信頼感や安心感があることです。それがないと、冷ややかな反応を怖れて、笑いを取りにいこうとはしません。

それと、係活動とはちょっと話が逸れますが、私の学級には「30秒スピーチ」があります。子どもが自分の個性をフルに発揮する時間です(第3章で詳述します)。

スピーチは、30秒から1分というのが基本ルールなのですが、あえて5分を超えるスケールの子どもが毎年のように現れます。最初からそうなわけではなく、回を重ねるごとに2分を超え、3分を超え、となっていき、最終的に5分を超える超大作になっていくのです。

スピーチのテーマは基本的に私が決め、一巡したら違うテーマにするのですが、もちあがりの学級だった場合の2年目は自由テーマです。そんな2年目のある年、ひたすら宇宙の話をし続ける子どもが現れます。3巡目までくると、彼はこう切り出すようになりました。

「みなさん、ぼくが出てきたらわかりますね？　そうです、宇宙です。今日も宇宙の話をします」

もうお約束というか、その子が登壇した瞬間からクスっと笑いが起きて、教室があたたかい空気に満たされます。

ある年、「もしもタイムマシンがあったら」というテーマにしたら、これまたおもしろい発想の子どもが現れました。普通だったら「過去に行って…」「未来に行って…」という話になるところを、その子は次のように切り出します。

「まず、そのタイムマシンを高い値段で売ります」

その瞬間、（私も含めて）子どもたちがどよめきました。〝で、どうするの？〟とみんな興味津々（続きは第3章で）。

［6の場面］親切心

児童館のお知らせ、学校便り、給食の献立表、地域のイベントのお知らせなど、学校では毎日たくさんのプリントを配りますが、私はよく配る枚数を間違えます。列の先頭の子どもにうっかり少なく渡してしまうのです。すると、当然のことながら足りなくなります。このとき、一般的には手もとに届かなかった後ろの子どもが「先生、足りませ

〜ん」と言って、取りに来ることが多いのではないでしょうか。

私の学級の子どもたちは、それとはちょっと違う反応をします。列の3番目あたりで「先生、足りません」という声があがるのです。つまり、プリントが届かなかった子ではなく、数が足りないことに最初に気づいた子が指摘してくれるわけです。これは、後ろの子どもが困ることを察知した瞬間的な行動です。

「先生に褒めてほしいアピール」をする子ではないし、人からの感謝に飢えている子でもありません。どの子でも、当たり前のように振る舞う自然さがそこにあります。

【7の場面】弱点

漢字テストの前日にプレテストを行います。本番に向けて、自分の理解度をチェックするためです。

このプレテストの肝は、丸つけにあります。教師である私や子ども本人ではなく、隣に座っている子どもが行うのです。これは意外とハードルの高い勇気のいる試みです。プレテストとはいえ、テストはテスト。悪い点数だったら誰にも見せたくないものですから。

しかし、子どもたちは、自分の出来が悪いと感じると、丸つけをした隣の子にアドバイスをもらおうとします。相手の子も冷ややかな態度を取ることはありません。むしろ、うれしそうにあれこれとアドバイスしています。

誰だって得意な教科もあれば、不得意な教科もあります。あるときは自分のほうが点数がよくても、悪いときだってあります。そんなときは友達のアドバイスが役立ちます。子どもたちはそのことをよく知っています。だから、隣同士の丸つけに抵抗感を覚えないし、むしろお互いに高め合おうとするのです。

[8の場面] 互恵

子どもたちの個性は多様です。みんなと同じ振る舞いができることをよしとする子もいれば、逆にまったく違う振る舞いをあえてする子もいます。

私が1年生を担任したときのことです。

休み時間、校庭で鬼ごっこをしていたAくんが、泣きながら教室に戻ってきました。私は、その様子を見て、本人に話を聞く前に、一緒にいた子どもたちに聞いてみました。するとと、「すぐにタッチされて鬼になったら、すごく怒っちゃった」とのこと。

Aくんは走るのが速いほうではありません。だから、足が速い子にタッチされやすいのはやむを得ないことだし、それが鬼ごっこのルールです。そんなことでいちいち怒ってしまっては、一緒には遊べません。

ただ、その子は、自分の考えに固執してしまう傾向がありました。そこで、Aくん本人と、一緒に遊んでいた子どもたちとで話し合いの場をもつことにしました。

「たぶん、みんなはイヤではないことだけど、Aくんには、とてもいやなんだと思う」

「だったら、Aくんは、『鬼は3回まで』ということにしない?」

こんなやりとりを黙って聞いていたAくんでしたが、そのルールに納得した様子でした。

その後、Aくんは繰り返しタッチされても怒らなくなりました。

人とは違う自分の反応を友達が受け入れてくれたこと、どういうルールにすればみんなで楽しく遊べるかを話し合えたことが、Aくん自身の受け止め方に確かな変化をもたらしたのでしょう。

[9の場面] 時間と場

「先生、時間がほしいんですけど…」

休み時間や放課後など、ちょっとしたときに子どもたちからよく言われる言葉の1つです。

これにはさまざまなバリエーションがあります。

「先生、みんなに連絡したいことがあるんですけど…」

「クラス遊びのアイデアを募集したいんで、アンケートを配る時間がほしいんですけど…」などなど。

要するに、自分たちが考えたいことを実行に移したいので、「時間を取ってください」というわけです。

ときには、こんなこともあります。

「先生、Bさんともめてしまったので、話し合いたいんですけど…」

実を言うと、昔はそうではありませんでした。「先生、Cくんがいやなことをしてきました」というものです。これは、教師に問題の解決を求める報告です。しかし、いまは異なります。自分たちの力で問題を解決したいから「その場を設けてほしい」という要請なのです。

「友達との人間関係をよくするのは、（教師ではなく）自分たち」という意識を自覚的にもっている子どもたちの姿です。まるで、彼らのほうが学級を経営しているかのようです。

【10の場面】授業の質

子どもたちはしばしば、（教師である私の思惑を超えて）授業の方向づけをしてくれます。あるときの授業では、20分以上もの間、お互いの発言をつなぎ合っていました。このように発言をつなぎ合い、関連させながら考えを積み重ねていくなかで新しい発想が生まれ、「もっと○○について深堀していったほうがいいのではないか」という方向性を私に示してくるのです。そのたびに、単元計画や指導案を書き換えています。

社会科の学習でのことです。「自動車工業」の学習で、組立工場での取組を調べ考える場面でした。

組立工場では、すべての作業をロボット（機械）が行っているわけではありません。人も作業しています。すべて機械で自動化したほうが効率がよさそうなものなのに、必ずなにがしかの人の手が加わっているわけです。

　このことについて、私は次のように問いかけました。

「すべて機械で作業したほうがよいと思いませんか？　もっと速く、多くの自動車を生産できると思うのだけど…。ちょっとみんなで話し合ってみて」

　すると、子どもたちは、ああだこうだと思いつくままに意見を出し、友達の意見にのっかったり、異なる視点をもち出したりしながら対話を深めていきました。すると、次第に核心に迫っていきます。

「すべて機械で作業したほうが確かに速いかもしれないけれど、機械はただ指示されたことを行うだけでしょ」

「それだったら、間違ったり失敗したりしていても、きっと気づけないよね」

「機械と違って、人間には考える力があるからなぁ」

「そうそう、自動車をつくるのって、人間の判断力が必要だと思う」

「そっかー、だから、人も機械も一緒に作業することが必要なんだ」

　最終的に、この対話のやりとりに収束していった様子を見ていて、私は背筋がゾクッとするのを感じました。〝子どもって、ここまでやれるのか〟と。

　私の問いかけは単なるきっかけにすぎません。子ども同士の発言が、あっちへ行ったり、こっちへ行ったりしながらも、彼ら自身の力でこんな発想を生みだしたわけです。まさに、子どもたち自身が学習の質を押し上げてくれた瞬間でした（この実践については、第5章でも切り口を変えて再び登上します）。

*

この章で紹介した10の場面の子どもの姿には共通点があります。それは、この子たちには、何とも言い知れぬ〝無敵感がある〟ということです。

自信に満ち満ちていながら、尊大ではなく、〝先生が頼りないところは私たちが助けてあげるから大丈夫だよ！〟そんなふうに言われているかのような気持ちになることが、本当によくあります。そういう意味での無敵感なのです。そして、こんな無敵感が子どもたちのなかに生まれると、教師である私は黒子として、受け身であり続けられるのです。

それでは、次章より、黒子のリーダーシップについて、具体的に語っていきたいと思います。

第2章

黒子としての指導力

自分はいったいどのような教師なのか

自分自身の教師特性を正確に把握することは、なかなかにむずかしいことです。結局のところ、自分という教師がどんな教師であるかは、周囲の人（特に子ども）の受け止めをよりどころにするほかないように思います。

卒業アルバムには子どもたちの言葉を載せますが、読み返してみると、ちらほら私について書いている子がいました。

「ぼくがここまで変われたのは、横田先生との出会いが大きく関係していると思います。先生はいろいろなアドバイスをくれました。それは、他人との公平さや、できなくてもコツコツ努力をすることです」

「横田先生は、『挙手することは考えがあるかないかを示すんです』と言っていました。わたしは自信ないけど手を挙げました。横田先生はわたしの顔を見たけど、当てませんでした。それから、わたしは発言することはそんなにむずかしいことじゃないと思うようになりました」

いずれも教師としての私を評価してくれる言葉です。うれしくないわけはありません。

しかし、その一方で「ただ…」と思ってしまうこともあるのです。
〝絶対になりたくない教師像〟というものが、私にはいくつかあります。その1つが、子どもたちの記憶にいつまでも残る、「先生のおかげで…」などと感謝されてしまう教師です。これは、教師という職業に就いたときから一貫しています。

別に偏屈でありたいわけではありません。ですから、「先生のおかげで」とか「先生のころがよかったな」などと言われれば、うれしい気持ちにはなります。

でも、面と向かって言われれば、私は自分の気持ちを押し隠します。そして、「いまのほうがずっと大切。悩みがあれば相談には乗るけど、いまの環境をよりよくしよう」と声をかけたい。

結局のところ、**「先生のおかげで」という言葉は自分不在、「先生のころがよかったな」という言葉は現状否定**、そうした心情が働いた言葉です。ですから、(進級であれ進学であれ)私が担任をはずれたら、私のことなどさっさと忘れて(前だけを見て)、できることならば「先生のおかげで」を「自分ががんばったから」へ、「先生のころがよかった」から「いまが最高！」へと心持ちをシフトさせたいのです。

このような考えをもつに至ったのは、大埜先生の言葉が大きい。私が小学校6年生のときの担任の先生です。みんなの前で、こんな話をされました。

「これでみなさんは卒業です。これから中学校、高校と進んでいきますが、『小学校はよかったなぁ。あのころに戻りたい』などと思ってはいけません。過去には戻れないからです」

いつだってヒーローであるべきは子どもたちです。彼らがそうなれるよう、私は優秀な黒子になりたいのです。

「自主性」と「経験」の落とし穴

アメリカの作家であり教育学者でもあるウィリアム・アーサー・ウォードは、こんなことを言っています。

平凡な教師は、言って聞かせる。
よい教師は、子どもに分かるように説明する。
優れた教師は、自らやってみせる。
そして、本当に偉大な教師は、子どもの心に火をつける。

教師であれば誰しも、子どもの「自主性」を育てたいと思っています。「何ごとも経験が大切だ」と考えている教師も多いでしょう。

しかし、この2つの結びつけ方を誤ると、思わぬ落とし穴にはまります。それは、無為無策の「放任」です。「とにかく経験が大事なんだから、四の五の言わずに子どもの好きなようにさせればいい」という思考であり態度です。

もし、ほったらかしにしていれば、子どもが勝手に育つのであれば、教育そのものの存在理由を失います。しかし、実際にはそんなに都合よくいくことはありません。

現実には、なにもかも放任するような教師はいないでしょう。それでも、この落とし穴に関しては、自覚的である必要があると思います。なぜなら、肝心なときに見て見ぬ振りをしてしまうリスクを私たち教師は常に負っているからです。

いじめの予兆が感じられたときなど、教師として必ず手を差し伸べなければならない瞬間があります。このとき、子どもの自主性と経験を言い訳にして、保身に走ってしまう危険性があるということです。

では、「自主性」と「経験」を重んじながらも、よりよい教育効果をあげられる教師の役割、すなわち（親でも友達でもない）教師だからこそできることにはどのようなものがあるでしょうか。私は、次の3つを挙げたいと思います。

●子どもたちの様子を俯瞰的に観察する。
●状況を分析して、リスクを想定する。
●試行錯誤させながら、本質的な方向へ導く。

ＡＩ時代の到来を受けて、世の中ではすごい速度でさまざまな職業のあり方が変化しつつありますが、そのようななかにあって、ある研究者が「教育」にかかわる職業について、次のように説明しています。これを読むと、教職は非常に高度な能力を発揮する仕事であると位置づけられていることがわかります。

教育…非定型相互（非単純相互作用的作業）。高度な内容の対人コミュニケーションを通じて価値を創造、提供したり、葛藤・紛争等をコントロールしたり解決したりする作業とされる。
『教育行政と学校経営』（小川正人：放送大学教授、勝野正章：東京大学教授、放送大学大学院教材、ＮＨＫ出版）

これから訪れる時代を見据え、教師は、（教科特性の相違を越えて）正解のない良質な「問い」を提供し、子どもたち自身が自分なりの「答え」を見つけ出せるように導くことが、よりいっそう重要になってくると思います。そのための（刻一刻と変容し続ける）子どもの状況把握であり、それはけっしてＡＩにはまねのできないことだと私は思います。

教師の選択

子どもたちは、若い先生が大好きです。

（子どもたちの状況にもよりますが）教育実習生が来ると、子どもたちは浮き足立ち、たいていの学生は人気者になります。あるいは、年度はじめの担任発表の際、自分の学級の先生が新任だとわかると、「イエーイ！」という歓声があがることもあります。

おそらく子どもたちは、教育実習生や初任の教師を「自分に近い人」「自分たちの仲間」「だから、ほかの先生と違って、先生目線で評価する人じゃないはず」といった受け止めをしているのかもしれません。

いずれにせよ、最初の1年は、知識や技術がなくても、情熱一本で乗り切ることができます。しかし、そのままではだんだんと通用しなくなります。何年間か過ぎると、（人によってバラツキはあると思いますが）「いまのままでは、もうこれ以上先には進めない」瞬間が訪れます。それは、自分がどのような教師をめざすのか、自ら選択しなければならないときでもあります。

次に挙げる例は、いささかステレオタイプっぽい分け方ではありますが、おおぐくりで考えれば、それほど的外れではないのではないでしょうか。

[選択例①]「これまでに身につけたことで十分。それを繰り返していけばなんとかなるはずだ」

↓できれば、教師として成長したいけど、自分にはむずかしそう。だったら、トラブルさえなければ現状維持だって悪くはない。その結果、これより先に進めなくても仕方がない。

[選択例②]「自分がもっと子どもから愛されれば、ずっとうまくいくはずだ」

↓これまで勢いだけでも子どもたちはついてきてくれたし、自分のことを好きになってくれてうれしかった。若さが失われても、子どもから愛される技能さえ磨けば何とかなるし、自分の教師生活が満たされるはずだ。

[選択例③]「学び合いが大事などと言われているけど、知識がなければ何もできない。だから、しっかり教えられる技能を磨けば、結局はうまくいくはずだ」

↓子ども主体といっても、子どもの個性や能力は多様だ。そのすべてに応えることなど誰にもできない（中学や高校であれば受験対応だってある）。だから、教師主導で一斉に効率よく教える技術を身につけることが先決だ。

［選択例④］「常に子どもの姿をよりどころ（教師として学ぶための教材）として、子どもの力を引き出せるようなスキルアップをしていければうまくいくはずだ」

↓教師という職業の目的は、子どもたちが社会で生きていける力を身につけられるようにすることにある。だから、その目的から外れないように研鑽を積んでいけば、いつかきっと本当にいい授業、いい教育ができるようになるはずだ。

あるとき、ネットでこんな記事を見つけました。

「カリスマ教師が担任した翌年はクラスが荒れる!?」というもの。なかなかセンセーショナルなタイトルです。調べてみると、『月刊教員養成セミナー』（時事通信社）で掲載された苫野一徳さんのコラムを下敷きにしたものでした。

この記事には、とあるカリスマ教師が登場します。

自分のもてる能力を前面に押し出し、子どもを惹きつける。「私についてこい」と言わんばかりに指示を出し、子どものほうもそのとおりに動くし、なによりみんな楽しそう。子どもたちからしたら、（あるいは、保護者からしても）わたしたちの自慢の先生といった体《てい》です。「隣の学級の先生よりずっといいよね」「違う学年の先生と比べたら雲泥の差」などと、彼らの優越感をもくすぐるような教師です。

確かに、子どもは楽しく過ごせているし、一見するとよい学級経営のように見えます。しかし、翌年になって担任が替わった途端、学級が荒れてしまったといいます。

この記事を読んだとき、まっさきに頭に浮かんだのは、〝この教師は本物のカリスマ教師ではない〟ということでした。私には「自分の承認欲求を満たすことにばかり執着していながら、それと気づいていない教師」のように思えました。

ウィリアムの言葉を借りれば、それでは「子どもの心に火をつける」ことはできません。なぜなら、「学級の主役は常に教師、授業は教師のオンステージ、肝心の子どもたちはお客さん」という構造では、子どもの主体性は生まれないからです。（たとえどれだけ楽しく感じていても）子どもたちは常に受け身でいつづけるからです。

それと、このタイプの教師と子どもの関係性には、致命的な問題点があります。それは、なまじ楽しかった記憶が災いして、「自分は力がついた」と子どもが錯覚してしまうことです。だから、翌年の学級が荒れるのです。

正直なところ、自分のすごさを見せびらかす指導では、子どもは「社会で生きていける力」を身につけることはできないと私は思います。そうではなく、子どもの力を引き出すために、教師が「やってあげる」場面をいかに減らせるか、それらを常に考えながら学級を経営することが必要なのだと思います。

指導力アップデート

「プロ」というと、まっさきにスポーツ選手あたりが思い浮かぶかもしれません。しかし、通訳やパイロットなども専門家だし、商店街の八百屋さんや肉屋さんだって、（何を仕入れるか、どこで仕入れるか、いくらで売るかなど）その道のプロとしての専門性を有しています。世の中にはたくさんの職業があり、その職業の数だけ「プロ」としての専門性があるのです。

教師だってそう。自他共に認めるプロであり、「教育の専門家」です。

「うちの子、なかなか漢字が覚えられないんです。どうすればいいですか？」と保護者に問われれば、自分なりの見解を明確に答えられなくてはなりません。「できないのはなぜか」「どうすればできるようになるのか」を、教師として心得ておかなくてはいけないということです。

ときには、「Aさんの性格では、ちょっと無理かもしれない」と頭をかすめることもあります。しかし、できない原因を子どもに求めているうちは、いつまで経っても前に進むことはできません。

スティーブン・R・コビーの著したベストセラーに『7つの習慣』という書籍があります。そこには「パラダイムシフト」という考えが書かれていますが、端的に言えば、「違う視点からものごとを考える」ことです。

この考え方を学校教育の文脈に落とし込むとすれば、**「できない要因を子どもの側に求める」というパラダイムから、「指導の仕方や手立てなど教師の側に求める」というパラダイムへシフトする**ことの重要性と有用性を強調したいと思います。

もし、このようにシフトできれば、教師として「できないのはなぜか」「どうすればできるのか」を常に考えるようになるので、実効性の高い手立てを身につける確度を上げることができます。それが、教師のプロ意識を支える土台となります。

ここで、（このようなパラダイムにシフトするために）有用な方法の1つを紹介したいと思います。それは、「教育心理学」「社会学」「経営学」「哲学」など、みなさんが大学時代に触れたことのある学問の学び直しです。

大学を卒業したら教科書などは処分してしまう方は多いかもしれません。しかし、私はもったいないと思います。なぜなら、学生時代には小むずかしくて、「何の役に立つの？」と思っていたことが、教師としての実務経験というフィルターを通すことで、びっくりするくらいクリアになるからです。

あたかも、欠けていたピースがすっとはまったジグソーパズルのように、学生時代には理解できなかったロジックが、実践ベースで具体的にイメージできるようになるのです。

社会学であれば、「システムが人に及ぼす影響」を研究する側面があります。これを、学級経営になぞらえると、どのような仕組みが子どもに影響を与えるのかを考察する視点になります。私は、こうした学問に触れ直したことで、学級づくりや授業づくりの（私なりの）視点をもてるようになったように思います。

理論だけではうまくいかないし、そうかといって、実務経験に頼るだけでは視野が狭くなってしまう。だから、双方のよいところを組み合わせることができれば、自分の指導力をきっとアップデートできることでしょう。

学級はだれがつくるもの？

「A先生だと、クラスがまとまらないんだよな～」

以前、ある学級の子どもが、こんなことをつぶやいているのを耳にしたことがあります。

それを聞いた私は、〃あぁ、この子は「学級は教師がつくるもの」だと思っているんだな〃と感じました。

「学級をどうつくっていけばよいか…」教師であればだれもが悩む問いであり、さまざまなとらえがあると思います。目の前の子どもたちの状況によっても、「何をもってよしとするのか」も変わるでしょう。

実際、（前の学年で荒れてしまった、あるいは、いじめが原因でお互いが疑心暗鬼になっている、などの）むずかしい状況を抱えている子どもたちであれば、「学級は教師がつくるもの」でよいのかもしれません。四の五の言わせずに引っ張っていくリーダーシップが求められるときだって、教師にはあるからです。

しかし、（どんな学級にも課題はありますが）学級全体にまで波及してしまうレベルの負債でもない限り、学級をよりよくする主体は子どもたちであるはずです。さらに踏み込んで言うと、「学級は自分たちがつくってるんだ」という子どもの意識を、教師としていかに醸成するかが重要だと私は思うのです。

学級をよくしようというとき、さまざまな場面で褒めたり叱ったりすることが教師には求められます。しかし、教師の側が一方的にやりすぎると、子どもは「学級は教師がつくるもの」という意識を強めてしまうでしょう。

資料1　子どもたちの話し合いの様子（板書）

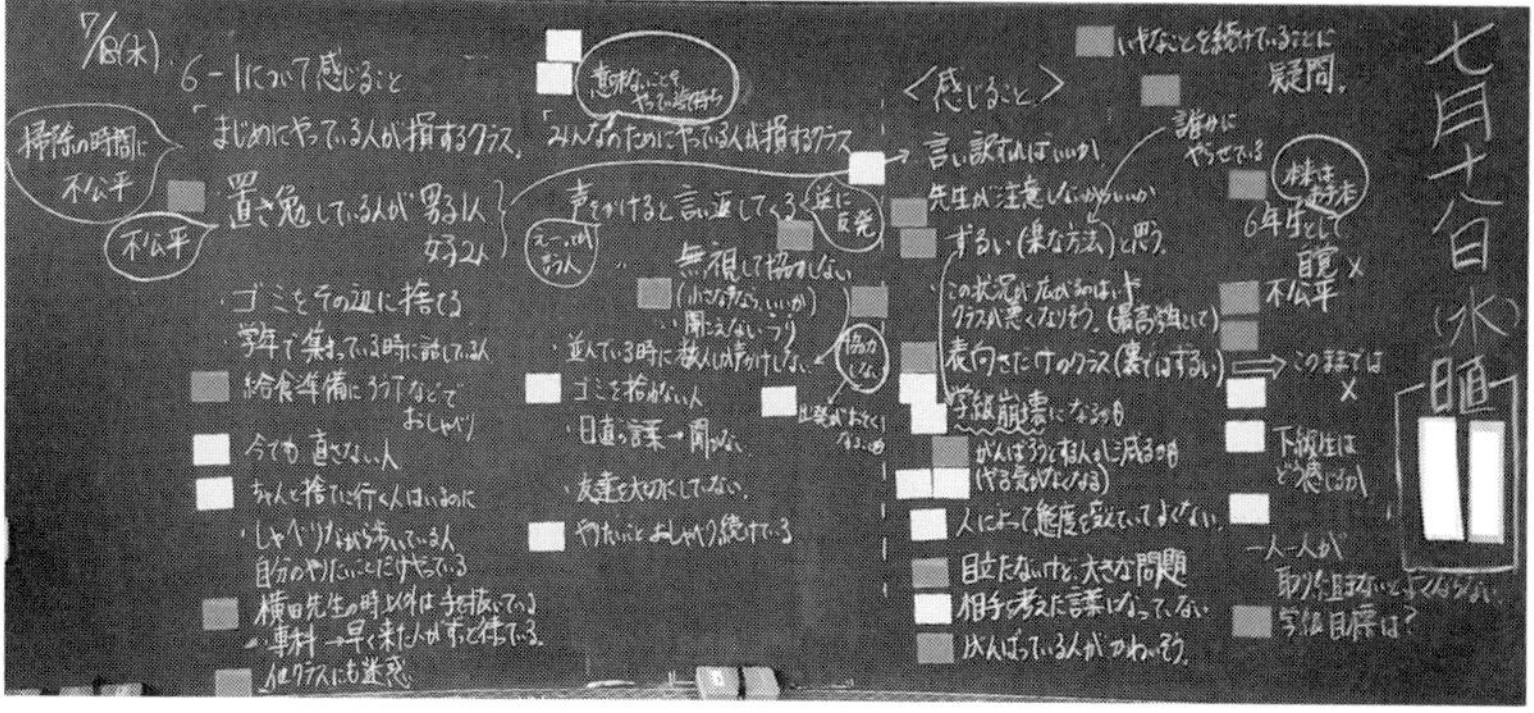

では、どうするか。

私は、どんな学級をつくっていけばよいかについて、子ども同士が学び合える場をつくればよいと思います。（教師の隠れた意図のもとに）教師からの一方向を、子ども同士の双方向に変えるのです。

学級全体でなにかしら改善を考えなくてはいけない場面では、私は学活の時間を活用して話し合いの場を設けています。

資料1は、学級の雰囲気について全員で考えたときの板書です。（教師自身が自分の思いを熱く語りかけたい欲求を内に秘めて）子どもたちに問いかけ、彼ら自身が現状を把握し改善を考える主体となるように展開しました。このような取組を積み重ねていくと、教師がことさら指導しなくても、子どもたちのなかに自治意識がはぐくまれていきます。

情熱のもちどころ

今日よりも明日、少しでもいい授業、いい学級をつくっていくためには、授業や子どもたちに対する飽くなき「情熱」が必要です。これは、教師として大切な資質だと思います。

その一方で、「情熱」の表現の仕方を間違えないことが大切だと思います。教師個人の価値観を全面に打ち出すような表現であれば、その価値観と相容れない子どもは、その担任が替わるまで悩み続けます。その間、自分の感情を封じ込めてしまうでしょう。

これは、特定の子どもへの影響だけではありません。学級全体の価値観をも決定づけてしまうこともあります。ひとたび教師の価値観以外は容認されない空気が生まれれば、教室に閉塞感が蔓延してしまうからです。それだけ、学級における教師の影響力は大きいということです。

わかりやすい例を挙げましょう。

「返事はみんな大きな声で歯切れよく」
「背筋は、いつもピン！」
「人の話は黙って聞く」

いずれも悪いわけではありません。問題は、当の子どもたちが、こうしたあり方をいいと思っているか、納得しているかです。そうでなければ、子どもたちは教師の価値観を押しつけられていると感じるでしょう。子どもにとっては窮屈このうえないし、（教師である私自身）ちっとも楽しくありません。

こうしたことから、教師としての「情熱」を表現する場合には、普遍性のある言葉に置き換えて伝えることが大切なのではないかと思います。

「約束を守ることは大切だよね」

「真剣に取り組むことは格好いいよね」

「相手の気持ちを考えることは大事だよね」

こうした言葉かけに続けて、「なぜ、それが大切なのか」を考えさせるときに、「これは、私の考えなのだけど…」とつけ加えて、そっと自分の価値観を忍ばせる。こうであれば、自分の情熱を伝えながらも、押しつけることにはならずに済むでしょう。

*

子どもたちと接していると、ふとした拍子にこんなことを感じることがあります。

「この子は、大きくなったら私にはとても真似のできない、すごいことを成し遂げるのかもしれないな…」

大げさに聞こえるかもしれませんが、一国の首相になることだってあり得るのです。もし私限りの価値観に縛られてしまったら、その子の可能性そのものが削れてしまうかもしれません。私は、それが怖いのです。

失敗の定義

「若いころは、どんどん失敗させたほうがいい」

よくこんな言葉を聞きます。確かに、「失敗から学ぶことは成功への近道」とも言われるくらいですから、利のあることだと思います。その一方で、失敗を怖れる子は多いでしょう。大人だってそうですから。

それに、教師がどれだけ励ましても、子ども自身が「自分は成功した」と思えなければ、子どもは達成感や充実感を得ることはできません。（どのような実践であれ）成功したかどうかを決められるのは、子ども自身以外にないからです。

では、学校教育において「失敗」というものをどのように考えればよいでしょうか。私は、**成功イメージを確かなものとするための実験だととらえればよい**と考えています。そうとらえれば、「失敗をさせたほうがよい」という言葉が、「試行錯誤をさせたほうがよい」

資料2　失敗の定義

という表現に置き換わると思います。

このように次の成功につながる「失敗」とするためには、欠かすことのできない条件があります（資料2）。

① 絶対に失敗させてはならない「絶対領域」（ブラックゾーン）を設定する。

② ①以外の領域は「挽回領域」（グレーゾーン）であると位置づけ、具体的な挽回策をあらかじめ想定する。

この2つの条件を満たす「失

敗の定義」に基づいて実践すれば、子どもが「自分は失敗した」と感じたとしても、その失敗を挽回させる指導（再考を促し、軌道修正できるチャンスを与える指導）が可能になります。

このような「挽回領域」を教師の意図としてもっておくということです。仮に子どもが「まずい、このままでは失敗しそう」だと感じていたら、そのつど「教師の見えざる手」を働かせればいい。

「Aくんは、こんなやり方をしていたよ。参考になるかもしれないから聞いてみたら？」などと声をかけながら、失敗の挽回策を子ども自身に考えさせるのです。

そして、このような挽回領域を設定するためには、事前に「絶対にさせてはならない失敗領域」を設定しておくことが欠かせません。

たとえば、クラスごとに考えたダンスを披露する運動会の前日、「振り付けさえもろくに決まっていない」状況をつくってしまうことが挙げられます。当然、まともな本番を迎えられるわけがありません。これは、教師として絶対にさせてはならない教師の失敗です。一生に一度しかないハレの舞台で味わってしまった無力感は、その子にとってはもちろん、誰にも挽回させることはできないのです。

ほかにも、「失敗の絶対領域」には、次のような場面があげられます。

●年度最後の学年集会が企画倒れになってしまう。
●保護者向けの発表会で、内容が全く出来上がっていないままスピーチをしてしまう。
●作品が完成せず、廊下に掲示してもらえない。
●宿題を忘れ続け、消化できないほどの量になってしまっている。

仮に、最後まで挽回できないことがあったとしても、「失敗の絶対領域」にさえ踏み込んでいなければ、次の実践への課題（問い）として生かすことができます。

このとき、もう1つ知っておくべきことがあります。それは「失敗の挽回とは、最初に思い描いた成功ラインに差し戻すことではない」ということです。たとえ最初のラインに戻しても、挽回したことにならないことが数多くあるからです。

ですから、**失敗の挽回とは、「うまくいっていた時点まで巻き戻してやり直し」ではなく、自分の思い描いた成功ラインを振り返り**（再考し）、**子ども自身が新たな成功イメージをもてるように指導することだ**と考えるとよいでしょう。

こうした教師の指導の結果、子どもがもし「〝よし！〟」だったら、みんなの考えも聞いてみながら、もう一度なにをやるか練り直そう」などと、前向きで建設的な思考や態度を手に入れることができたら、（結果の出来・不出来にかかわらず）その教師は最高の指導を行ったといえるのではないでしょうか。

コーチングとコンプリメント

教師として子どもにどう接することがベターなのか、さまざまな考え方があります。伝統的に「教える」ということであれば「ティーチング」、ちょっと前であれば「コーチング」、最近では「ファシリテーション」もあります（第4章で詳述）。ここでは、「コーチング」について紹介したいと思います。

［学校教育に資するコーチング］子どもたちに新たな気付きを促す効果的な言葉かけを行い、子ども自身に方法を選択させる手法

「ティーチング」の考え方で接するのか、それとも「コーチング」の考え方で接するのかによって、子どもの姿勢に違いが生まれます。殊に、何かトラブルがあった際には、その差異がさらに顕著になります。前者の場合であれば、子どもは教師の判断を気にするようになり、後者の場合であれば、子どもは自分の判断力を信じられるようになりま

す（資料3）。
この「コーチング」には、「コンプリメント」という考え方もあります。これは、「そ

資料3　コーチング・ステップ

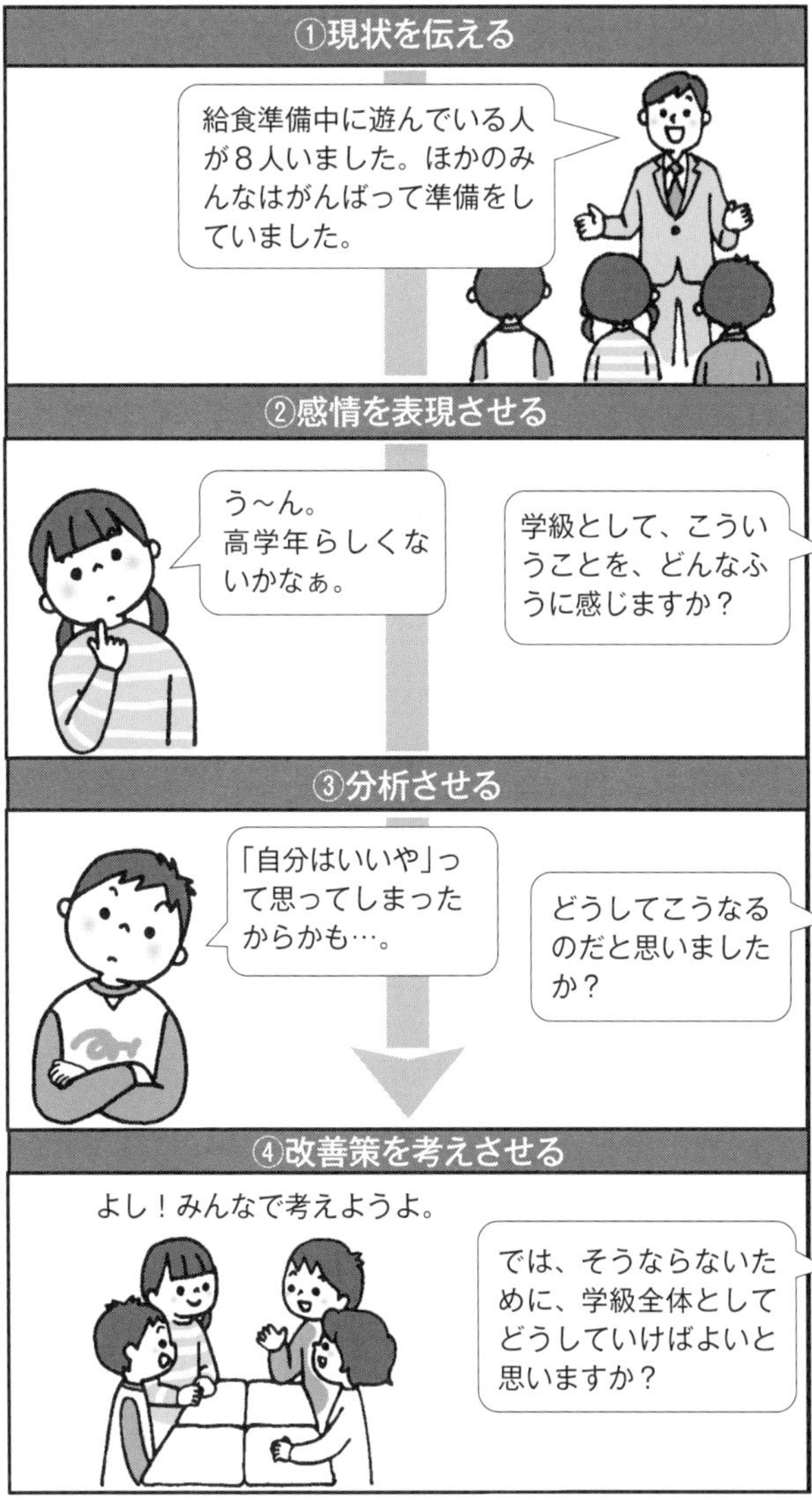
①現状を伝える
給食準備中に遊んでいる人が８人いました。ほかのみんなはがんばって準備をしていました。
②感情を表現させる
学級として、こういうことを、どんなふうに感じますか？
う～ん。高学年らしくないかなぁ。
③分析させる
どうしてこうなるのだと思いましたか？
「自分はいいや」って思ってしまったからかも…。
④改善策を考えさせる
では、そうならないために、学級全体としてどうしていけばよいと思いますか？
よし！みんなで考えようよ。

の人のよさを認め誉める」ことで、不登校を防いだり改善したりするための手法です。

子どもの自尊感情や自己効力感を高め、やる気を引き出す効果があります。

私は、この考え方と手法を『不登校は1日3分の働きかけで99%解決する』（森田直樹著、リーブル出版）から学び、普段の学級経営に取り入れています。

それほどむずかしいことではありません。たとえば、次のような声かけです。

「Aさん、今日、がんばって挙手していたね」

「Bくん、落とし物に気づいていてよかったよ」

「Cさん、さっき、友達を手伝っていたね」

「Dさん、ありがとう」

いずれも、多くの先生方が普段から行っている声かけです。こうした働きかけを、その子の心のコップに自信の水を満たす、そんなイメージを思い描きながら行うのです。

この点に、何気なく声かけするのとは異なる効果が生まれます。

コンプリメントは、「子どもたち一人一人を大切にする」という教師の意識、「自分たちは大切にされている」という子どもの意識を高めます。それが、子ども一人一人との信頼関係を確かなものにしてくれるのです。

自信が必要なのは教師も同じ

数年前から、学校現場では、若手の育成がよりいっそう急務となっています。都市部を中心として、どの学校でも若手が増えており、殊に東京では（学校によって）初任者が4～5人入ってくる年もあります。

一昔前であれば、飲み会を頻繁に開いてコミュニケーションを図ったり、「先輩教師の指導技術を見て、盗みなさい」などと言ったりしながら育成していました。しかし、現在は、ベテランはもちろんのこと、若手でさえも数多くの仕事を抱えています。若手対象の悉皆研修などもありますが、それだけでは学ぶ機会が足りないのが実情です。

しかし、若手とはいえ、大学を卒業して就職を果たした立派な社会人です。それなりの自覚やプライドをもっています。できれば、彼らの自尊心や自主性を尊重しながらじっくり育てたいところですが、そうすることがむずかしい状況でもあります。

そうかといって、事務的に方針を示し、決定事項を伝達してさえいれば、若手が育つかといえば（残念ながら）無理でしょう。さらに「そのやり方じゃだめだよ。もっとこうして」、あるいは「指導書でも何でも自分で勉強できることはあるよ」などと言って突き放してしまえば、「自分はだめなんだ」と思わせるだけです。（子どもと同じように）無力感や指示待ちの態度を助長してしまいかねません。

子どもたちの主体性を育てることが私たち教師の仕事ですが、それは若手の育成でも同じです。主体性を奪うような育成方法では、（その場しのぎの学年運営はなんとかなるかもしれませんが）若手のモチベーションを低下させるだけです。

そこで提案したいのが、ＯＪＴ（オン・ザ・ジョブトレーニング）の活性化です。

若手ができないことの代表格が、（授業づくりであれ、学級づくりであれ）ある指導が、（いいことであれ悪いことであれ）具体的にどのような影響を及ぼすのかを具体的にイメージすることです。これは経験の差であって、その人の能力の問題ではありません。

仮に、学級に教師の話をちゃんと聞こうとしない子どもがいたとします。このとき、「あぁ、それはね、子どもを惹きつけるように話せてないんだよ。だから、視覚的に示しながら話すようにするんだよ」と伝えたらどうでしょう。その若手がまじめで素直であるほど、教わったその１つの方法を試し、うまくいかなかったらその時点で息詰まってしまうでしょう。

そこで、「コーチング」と「コンプリメント」です。ＯＪＴを通じて選択肢を提示しながら本人に判断させていくのです。

「どんなときに、子どもがちゃんと聞こうとしていないと感じる？」

「なるほど、連絡をしているときに聞いていないんだね。原因は何だと思う？」
「そうか、たくさん連絡しているときなんだね」
「そうすると、たとえば、黒板に書きながら話すという方法や、ゆっくり話す方法などが思いつくけど、あなたはどう思う？」
「あっ、それとあのときの声のかけ方、よかったよ」

このように、段階を追ってその若手自身のなかにあるイメージや考えを引き出していき、最終的に本人自身が改善策を見いだせるようにするのです。本人自身が考え出したことであれば、押しつけられた感はないし、実行に移してうまくいかなければ、また同じようにコーチングすればいいのです。基本的な流れは、「現状把握→現状分析→手立ての検討」です。まさに、子どもとの接し方と同じですよね。

また、段階を追っても若手自身が改善策を思いつけなければ、いくつかの方策を提示し、そのなかから選択させるという方法もあります。

人は、自分が手にした成功が、誰かの助言によるものだったとしても、実行したときのアイデアは自分が思いついたものだと感じるそうです。ある心理学の知見です。これが本当ならば（日々、子どもたちと接していて私は本当だと信じていますが）若手は先輩教師から提示された選択肢のなかから選んだのだとしても、本人が「自分が見いだした」と感じ、教師としての自信を深めていくことができるのです。最初のうちは、かりそめの自信だっていいのです。

他方、コンプリメントについては、教師をまるで子ども扱いしているかのように感じる方もいるかもしれません。しかし、「コンプリメント」されて嫌な気持ちになる人はあまりいません。誰しも承認欲求をもっているからです。私だってそうです。若手教師の自己効力感につながればよいのです。

だれかを誉めることに気恥ずかさを感じることもあるかもしれませんが、実際に声に出してみると思った以上によい効果があります。実は、「コンプリメント」されたほうはもちろんですが、したほうもポジティブな気持ちになります。その結果、職場の人間関係もよりよくなるのですから、いいことづくめですよね。

教師の振り返り思考ツール

子どもは日々成長していますから、1年間ずっと同じ手立てが通じるわけではありません。また、かつて成功した学級づくりや授業づくりの手法が、次の年もうまくいくとも限りません。目の前の子どもたち次第なのですから当然です。

ですが、若いうちは（繰り返しになりますが）元気でさえあれば割となんとかなります。問題は、そのあとです。（人にもよるかもしれませんが）それまでうまくいっていた考え方ややり方が、思うようにいかなくなる時期がいつかきます。かつて私もそうでした。いったんそうなると、何をやってもうまくいかなくなる（と思い込むようになる）のです。

「なんだか、学級がちっともうまくいかない」そう感じたら、自分の考え方ややり方を分析的に振り返るいい機会だと考えるとよいでしょう。何か問題があるのだとしたらその原因は何か、どのような手立てが考えられるのかを表にまとめてみるのです。それが教師としての「振り返り思考ツール」です。

「思考ツール」そのものは、教師同士の研修や授業などでも採り入れられるようになりましたが、ビジネスの世界では「フレームワーク」と呼ばれ、かなり前から活用されています。そこで、私は、「マインドマップ」と「空→傘→雨」というフレームワークを使って現状を分析し、改善策を考えるようにしています。

まず、マインドマップです。（ここで言うマインドマップは教師用ですが）これを書くときには、あれこれ考え込まずに思いついた単語をつなげていきます。自分でも何が出てくるのかを楽しみながら、どんどん思いついたものを書き加えていくのです。

そして、もうこれ以上何も思いつかないというところまで来たら筆を止め、全体を俯

資料4　教師としての振り返り思考ツール

学級経営分析

改善策（横田ができること）		
①現状	②解釈	③手立て（教師が行えること）
・宿題忘れが続く子が増えている。	・サボっているのではなく、連絡帳にメモをしていないのではないか。	・連絡帳をチェックする期間を設ける。

瞰します。自分が感じていることはどのようなことなのか、どのような要素が結びつきそうなのかを拾い出しながら、自分なりのイメージをつくっていきます。

次に「空→雨→傘」です。これは、コンサルタント会社、マッキンゼーで用いられているフレームワークで、3段階の思考パターンを定着することで自分の問題解決力を高めていきます。**資料4**でいうと、①現状が「空」、②解釈が「雨」、③手立てが「傘」に該当します。

[空]「空は曇っている」→空を確かめるように自分の目で正しい事実認識を行う。

[雨]「ひと雨きそうだ」→認識した事実に基づいて解釈を行う。

[傘]「傘を持っていこう」→導かれた解釈に基づ

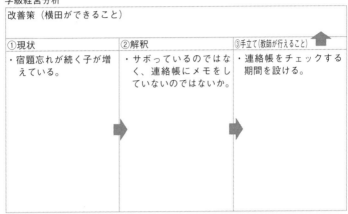

いて判断を行う。

私は、学級経営だけではなく研究会の運営についても、このフレームワークを用いて改善策を考えています。加えて、板書しながら子どもたちと学級の現状を把握することにも使えるし、若手教師と一緒に現在の課題と手立てを考える際にも活用することができます。

教師に限らず、長く仕事を続けていれば、必ず苦しい時期がやってきます。スランプに陥ったプロスポーツ選手と同じです。このようなときに大切なのが「職業人としての自己調整能力」です。

授業づくりも学級づくりも、およそ計画どおりには進みません。だからこそ、その都度その都度、最適解と思われる方法を見いだしたり、軌道修正するといった自己調整が必要となります。学級や学年の現状を分析し、「何が」「なぜ」起きているのか、どうすれば改善できるのかを客観的に考える思考パターンと自己調整力を身につけられれば、たいていのことには自分なりに対処できるようになります。

第3章
子どものなかで無敵感が生まれる条件

学級も授業も、つくるのは子どもたち

「学級経営で大切なのは、子どもとたくさん遊ぶことだよ」

「若さにまかせて元気よくやっていくことが大切だよ」

若手に対して、よく使われる言葉かけです。

この考え方自体、間違ってるとは思いません。教師がどんどんかかわって築き上げる子どもとの信頼関係は、学級づくりの大切な要素だからです。反対に、教師が子どもの信頼を損ねるような行動をとれば、いつか学級が壊れてしまうでしょう。

しかし、（前章でも取り上げましたが）若さによる勢いは、いずれ衰えます。しかも、子どもたちは、その衰えを見抜きます。にもかかわらず、（本当はもう若くはないのに）「勢い」に執着すれば、「熱血指導」の名のもとに、子どもたちを押さえつけるようになってしまうかもしれません。それでは、教師側の発信と子ども側の受信にズレが生じ、信頼関係を維持できなくなります。

現代の社会では、（ベテラン教師が若手だったころよりも）価値観の多様性が強く意識されるようになりました。この状況下では、若さと勢いによる熱意は、ややもすると教師の独りよがりな言動に受け取られることもあります。

それに、実際のところ、熱意だけでは子どもは動きません。仮に動いているように見えても、先生の顔色を見ながら、「先生の価値観に合っているかな…」などと気にしながら行動している姿にすぎないことが多いのです。

また、熱意ばかり語り続ければ、教師を含めて周囲に対して子どもは冷ややかな態度を取るようにもなります。そうかといって（熱意を脇に置いておいて）、システマティックに学級の仕組みをつくり徹底させようとすれば、今度は、新たな発見も驚きも見いだせない平坦な日々を子どもに送らせてしまいかねません。

では、現代の教室では、何が本当に必要なのでしょう。いろいろな考え方や方法があると思いますが、私は、次のことを強く思っています。

子どもたちには、「学級をつくるのは自分たちだ」「授業をつくるのも自分たちだ」と思える「自負」と、実際につくっていける「力」を身につけてほしい。

子どもの身のうちに、この「自負」と「力」が生まれるためには、教師の思いと、学級で行われていることの双方が有機的につながっている必要があります。そのつなぎ目を明らかにするのが本章の目的です。

私は、授業づくりと学級づくりはコインの表裏のような関係だと考えています。すなわち、授業＝学級経営であり、この双方の関係を支えるのが、教師と子ども、子ども同士の人間関係であり、さらに言えば子どもたちの自治意識です。この意識が芽生えると、子どもたちの身のうちに、なんともいえない無敵感が生まれるようになります。

本章で示す視点は、次の3つです。

●子どもの居場所づくり（自己効力感）
●子ども同士の温かい関係（安心感）
●子どもによる子どものための学級（自治意識）

以下、この3つの視点に沿って、「当番活動」と「係活動」の2つの活動を取り上げます。

子どもの持ち場を支える当番活動

学級をよりよくするには、教師と子どもとの信頼関係が必要ですが、それだけでは子どもの自主性は育ちません。自分なりに考え、行動に移し、ときにはクラスメートとぶつかったり、調整し合ったりする場が必要だからです。そのためには、子どもの側に一定の裁量があること、自分の行動が誰かの役に立つと思えることの2つを保障する必要があります。その場こそ、当番活動だと私は考えています。

一般的には、「掃除当番」や「給食当番」があります。これらは、輪番制で行われることが多く、掃除の箇所を分担して行ったり、配膳を週替わりで行ったりしていることでしょう。

私は、この掃除当番や給食当番以外に、**資料1**の当番（学級の仕事）を設定しています。いずれも一人一役で、仕事をもたない子どもはいません。どの子も必ず何かしらの仕事をもちます。

資料1　当番活動一覧

整列	時間割	手紙	配り	落とし物
電気	日付・名札	掲示	ロッカー整理	ろう下整理
黒板	配膳台拭き	チョーク	たな整理	札裏返し
窓	先生給食	そうじロッカー整理	準備・専科	

耳慣れない当番もあると思いますので、以下紹介します。

[手紙当番]

●職員室前の学級ポストから、配布予定の手紙を教室に運ぶ。

【日付・名札当番】

●帰りの会前に、日付を明日のものに書き換える。

●明日の日直の名札を貼り替える。

【窓当番】

●朝、教室に入ったら、窓を開けて空気の入れ換えをする。

【ロッカー整理当番】

●ロッカーの上に、私物がおいてあったり乱れがあったりしたら、整理したり当事者に呼びかけたりする。

【整列当番】

●教室移動の際に、整列を呼びかけ先導する。

【おかわり声かけ当番】

●おかわりのタイミングを見計らって、「おかわりどうぞ」と声をかける。

どの子も1日1回は必ず仕事があり、自分の仕事が完了したら当番札を裏返します。この札を裏返し忘れることもあるので、裏返すことを呼びかける「札裏返し当番」もあります。

子どもたちには、次のように伝えています。

教室を整えたりみんなが気持ちよく過ごしたりするために必要な仕事が、当番活動です。一人一人の働きが、クラスメートの役に立ちます。

この「当番」は、子どもたちの発案でつくられることもあります。なかには「先生手伝い当番をつくりたい」と言ってくれる子どももいるのですが、私は許可しません。「先生の指示待ち」を前提とする仕事になってしまうからです。いずれにしても、一人一役の活動としています。

以下、当番活動を推進する意味と価値について語りたいと思います。

1　役割は、他者意識を高める

以前、ある人からこんなことを言われたことがあります。

「役割を〝与えられたからやる〟ではなくて、一人一人が率先して学級の足りないところに気づけることが大切。一人一役では、それがむずかしい」

確かに正論です。「いつも他人を気にかけて、奉仕の精神で自ら行動できることが大切だ」ということだと思うし、このこと自体を否定する方はいないでしょう。

ただ、私は「それでも…」と思ってしまいます。与えられた役割なしに奉仕の精神で行動できる子は、ほんのひと握りなんじゃないか…と。

もちろん、どの子もみな自主的に行動できるのが理想ですが、なかなかそうはなりません。もし、数人の子どもたちに頼る構造が生まれてしまえば、他の多くの子どもたちは自分の力でものを考えることに対して消極的になります。

私たち教師だって、そうではありませんか？　割り振られた分掌があるから、授業や学級のこと以外のことでも仕事だと認識して行動できるのです。それに、明確な分掌で仕事が割り振られてさえいても、一部の教師に仕事が集中してしまうことがあるくらいです。奉仕の精神では、学級も学校全体も維持することはできないというのが私の考えです。

一人一人が「これは自分が果たさなければならない役割だ」と自覚できることではじめて、他者の仕事（の内容や進捗）に目を向けることができるようになると私は思います。

「自分の仕事はもう終わったから、友達の仕事を手伝えそうだ」という思いをはぐくむ余地が生まれるのです。

2 役割は、学校に行く意味を与える

役割の重要性については、もう1つ語りたいと思います。

学生時代、アルバイト先でこんな経験をしたことがあります。会社都合で、その日の出荷作業が終わってしまったため、終業時間がくるまでひたすら待つという経験をしたのです。

特にやることもなく、その場にいるだけ。無目的に時間が過ぎるのを待つというのは、なかなかしんどいものです。何もやっていないのに、いつもよりもいやな疲れを感じたことを覚えています。もしそんな日が続くのであれば、耐えきれずにバイトをやめていたでしょう。

次は、他校のある学習支援員の先生がおっしゃっていた話です。その学校では、学習支援員の仕事の範囲が曖昧だったために、「いまここで支援に入ってもよいものか」判断しにくい状況が続いていたそうです。そのうち、職員室で待機することが多くなり、電話番くらいしかできなくなってしまい、仕事に対するモチベーションを維持するのがむずかしくなったそうです。

こうしたことは、大人特有の話ではありません。子どもも同じです。学級のなかに自分のなすべき役割が何もなければ、どれだけ時間とやる気を消耗することか…。

「学級のなかに自分のやるべきことがある」という役割を、当番（仕事）という形で一人一人にしっかりもたせる。そうすることで、自分の意思で学校に行く意味がその子のなかに生まれます。さらに、「自分が学校に行かなければ、誰かが困る」という自覚が、やがて「自分たちがいないと、学級が動かない」という意識にまで高めてくれるのだと思います。

3　役割は、学級への所属意識を高める

当番活動には、子どもに一定の裁量権があります。「黒板当番」であれば、「明日の持ち物などを黒板に書くこと」が仕事内容ですが、表示方法や内容は子どもに任せています。ときには、こんなことが黒板に書かれていることがあります。

［宿題］梨（なし）
［持ってくる物］清らかな心

ちょっとしたユーモアです。宿題も特別な持ち物もない日でも、子どもの工夫次第です。
学級には、与えられた役割以上のことを実行できる力をもっているけれど、周囲に気

を配るのが苦手な子どもがいます。他方、自分の考えを表に出すことが苦手だけれど、周囲に気を配ることができる子どももいます。本当にいろいろです。彼らの個性と多様性が学級に奥行きを与えてくれます。

それが（バラバラ感ではなく）奥行きとなるためには、やはり学級のなかに自分の役割があり、「ここは私の持ち場だ」と思えることが欠かせないと思います。役割の範囲でなら、自分なりの創意工夫を凝らすことができること、それらを周囲に受け止めてもらえることが、自分への自信と学級への所属意識を高めてくれるのです。

4　活動の目的を見失わない

ときには、うまく機能せずに破綻しかかる当番もあります。「配り当番」などがそうでした。

基本的には一人一役なのですが、配り物はとても多いので、当初は二人で行っていました。しかし、それでもたいへんそうでした。たいへんすぎて、続けることが困難になっただけでなく、活動の目的が不明確にさえなったのです。

その後、子どもたちと相談しながら、解決策を検討し、次の学期には人数を増やすなどして、改善することができたのですが、当番活動は、目的を見失うとただの修行になってしまう例の1つです。

当番活動は、「困難を乗り越える力を身につける」ために行っているわけではありません。「ちょっとがんばれば、自分でもできる」と感じられるように（教師が裏で準備を）しておく。この「ちょっとのがんばり」を継続させ、子ども自身に、「自分はできる、自分はだれかの役に立っている」という自己効力感を味わわせるためです。それが、当番活動の目的である「みんなのために自分から行動する態度を育てる」につながります。

ある年、前学年の後半に登校を渋るようになってしまった子どもを受けもったときのことです。彼女には「手紙当番」を担ってもらうことになりました。毎日、職員室前に設置したポストから、手紙を教室に運ぶ仕事です。その子は、卒業するまでの2年間、毎朝登校し、職員室のポストから手紙を運び続けてくれました。

あれだけ学校に来るのを渋っていた彼女が、なぜ「手紙当番」をやり遂げられたのか、理由はさまざま挙げられると思います。でも、その1つに「学級における自分の役割」と「仕事（手紙当番）へのやりがい」があったのではないかと思います。

「今日、わたしが学級に行けば、みんなの役に立てる」

こんな思いが、「学校へ行く意味」を与え、彼女の登校を支えてくれたのではないか。目的さえ誤らなければ、学級ではこんなことも起きるのだと思います。

子どもの自己効力感を高める係活動

私の学級には、たとえば次の係活動があります。

●ミニミニゲーム係
●ギャグ係
●クイズ係
●クラス遊び係
●新聞係

ほかにも、こんな係活動もありました（昨年度の学級）。

●パフォーマンス係
●お悩み相談係
●コンテスト係

●サプライズ係
●お笑い係

これらのネーミングを見てわかるように、係活動の目的は「みんなで楽しさを分かち合う」こと。

係活動は、枠組みとしては先述の当番活動に位置づくものでもあります。『小学校学習指導要領解説　特別活動編』（平成29年告示）では、「学級を楽しく豊かにするもの」として示されています。

つまり、当番活動が「学級を支える仕事」であるのに対して、係活動は「学級を楽しく豊かにする活動」であると役割が分けられているわけです。

また、係活動は、（当番活動とは異なり）学級会を通して発足させています。

ここでは、係活動の例をいくつか紹介しましょう。

①ミニミニゲーム係

●1分30秒でみんなを楽しませる。場は、朝の会。

●「あっち向いてほい」「じゃんけん大会」「誰が一番声を長く出せるか大会」など、短い時間であっても、全員が楽しめる活動を行っている。

●アイデアをクラスメートに募集することもある。

②ギャグ係

●帰りの会など、ちょっとした時間にクラスメイトにお題を呼びかける。

●お題に対するおもしろい回答を紙に書き、応募する。

●応募したなかから、表彰する。

③コンテスト係

●休み時間や朝の会、学活の時間などに、10分間のコンテストを行う。

●「ジェスチャー・コンテスト」では、お題に合わせて最も上手にジェスチャーを行った人を表彰する。

●「イラスト・コンテスト」では、お題に合わせてイラストを書き、最も得票した人を表彰する。

④パフォーマンス係

●2週間に1回、学活の時間などで何かしらのパフォーマンスを発表する。

資料2　ミニミニゲーム活動

●ミニ劇の台本を作成し、お笑いも交えながら学級を盛り上げる。
●曲に合わせて、ユーモアを含んだダンスを披露する。
●係以外のメンバーにも呼びかけ、ゲスト出演を行う。

子どもたちは、楽しいことやおもしろいことが大好きです。高学年であってもそうです。学級が、楽しいと思うことやおもしろいと思うことをストレートに表現できる場となってさえいれば、どんな子でもはつらつと活動します。

ときには、悪ふざけがすぎることもあります。しかし、それでもよいのです。「危険だったり、誰かを悲しませる活動でなければOK」

これが、係活動における不動のルールです。ここに、当番活動との決定的な違いがあります。

当番活動は、仕事をしっかりとやり遂げるという明確なゴールがあります。それに対して、係活動にはゴールがありません。「学級を楽しく豊かにする」という目的があるだけです。うまくいってもいかなくても、結果オーライの活動なのです。そうであるがゆえに、子どもたちは、（私が何か言い出さなくても）〝どうやったらみんなを笑わせることができるか、楽しませることができるか〟と創意工夫を凝らしはじめます。

係活動は、私の学級経営の屋台骨です。そう考えるのには2つの理由があります。

第一に、各自の創意工夫が発揮される場であり、発揮することが求められる場であることです。この場の存在は、「自主性」「創意工夫する態度」の育成に直結します。

第二に、自分のアイデアを実現する場が常に開かれていることです。

教師が何かしら手を打たない限り、毎朝登校し、教室に教師が入ってきた途端、ほとんどの子どもたちは教師に従おうとします。ちゃんと従えているか確かめるように、周囲をキョロキョロする子がいるくらいです。なぜか。

（教師への不信感が蔓延している学級でない限り）教師は、学級における一番の権力者だからです。自分よりも強く、人生経験もあって、先生などと呼ばれる存在だからです。子どもたちは、直感的にそれを感じ取り、教師に近づいていって機嫌をとろうとしたり、（まったく同じ理由で、逆に）一定の距離をとろうとします。

私たち教師も、（あえて言葉にはしなくとも）子どもにとって自分がどのような存在であるのかを自覚しています。だからこそ、黒子の教師として手を打たなければならないのだと私は思うのです。

子どもたちは、こんなふうに聞きに来たりしませんか？

「先生、次、何やったらいいですか？」

「先生、これ、やっていいですか？」


こうした質問があまりにも頻繁に見られるようであれば、子どもの心のうちを想像してみる必要があると思います。なぜなら、その背後には次の意識があるからです。

「教師に従って過ごすことが、学級生活での正しい振る舞いだ」

これは、なにも特別なものではありません。教師が具体的な手を講じない限り、自然に生まれる意識だからです。

さらに、〝自分たちは日常的に教師のコントロール下に置かれている〟と感じさせる関係性が持続すれば、その傾向に拍車がかかります。他愛のないことを口にするときでさえ、教師に発言の許可を求めるようになるのです。このような心的状況を学習性無力感と呼びます。

ときには従ってもらわないといけないこともあります。しかし、教師が表立って自らの権力を行使して、子どもたちを従わせるのは最小限にとどめないといけないと私は思います。誰かを危険な目に遭わせる、悲しませることのないようするときだけ振るう伝家の宝刀です。

では、こうした子どもの意識を変えるのには何が必要でしょうか？　それが、先ほど挙げた「自分のアイデアを実現する場が常に開かれていること」なのです。

子どもたちが、みんなに開かれた場で、自分の考えたことを披露できる経験を積ませることが、教師への従属感から解き放つ（無力感から遠ざける）最良の一手です。そのための場や実現方法はいろいろあってよいと思います。そのようななかで、私が選択したのが係活動でした。

「自分のアイデアは、学級を盛り上げることができる！」

「自分たちの活躍で、クラスメートが楽しんでくれた！」

このような手ごたえが日常的になると、子どもたちは権力者としての教師の存在を忘れます。**「他者に対して自分はよい影響を与えることができる」という自信（自己効力感）が、教室のなかの教師と子どものパワーバランスを変えてくれる**のです。

子どもたちに自己効力感を与えてくれるような係活動は、学級経営にとどまりません。授業に向かう姿勢をも変えてくれます。

「子どもたちが自信をもって学習している」

「堂々と自分の考えを発表している」

授業をご覧になった先生方が口にしてくれる、私にとって何よりもうれしい言葉です。

私たち教師は、学級づくりと授業づくりを別々にとらえがちですが、子どもたちにとっては双方を分けて考える理由はありません。いずれも地続きなのです。ですから、きっかけは何であれ（私の取組は係活動ですが）、培われた自己効力感は、係活動の場であろうと授業の場であろうと関係なく発現されるということなのでしょう。

＊

さて、ここまで係活動を通して子どもの自主性や自己効力感をはぐくむことの重要性について語ってきました。では、どうやったら、そのような活動にできるのでしょう。係の種類を増やせばいいのでしょうか？　それとも、子どもの好きにさせれば勝手にそうなるのでしょうか。いうまでもなく、それではむずかしいでしょう。

「自主性が大切だ」と見守るだけでは単なる放任になってしまい、活動は停滞してしまう。そうかといって「あぁだ、こうだ」と教師が口を出しすぎれば、今度は無力感を助長してしまうかもしれない。まさにジレンマです。

このジレンマに、私は次の方法で乗り越えることにしました。

活動に継続性をもたせる決済システム

係活動を通して子どもの主体性をはぐくもうと試行錯誤していたところ、子ども自身が自分を表現できる「チャンス」と「場」を設けるだけでは足りないと感じていました。それらだけでは、前述のジレンマを乗り越えられなかったからです。

この欠落を埋めてくれたのが「決済」です。子どもたちが考えた計画の実現可能性と自己効力感を得られるかといった活動の有用性の双方を担保できるのか、この点を教師が見極め、決済するという手続きを導入することにしたのです。

資料3　係活動計画シート

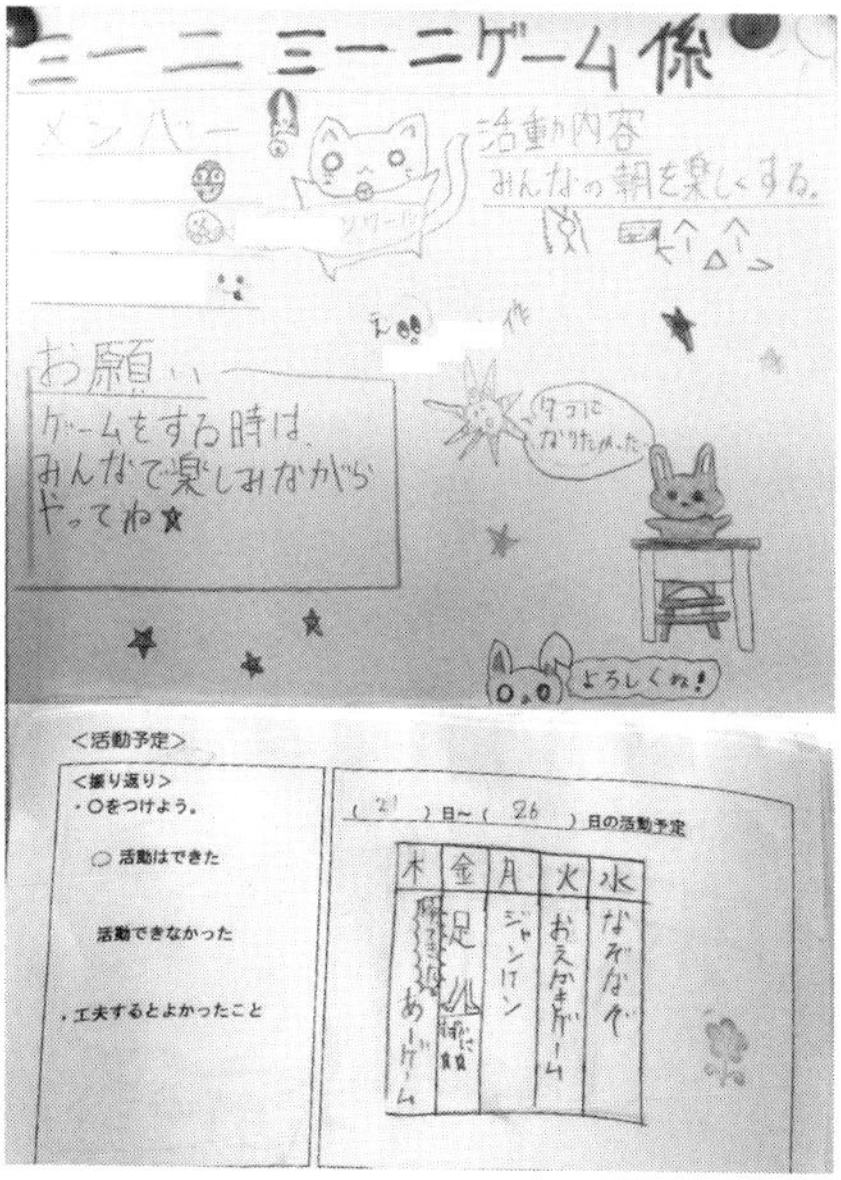

具体的には、次のとおりです。

毎週水曜日の給食時間は、係活動の計画を立てる時間です。この日だけは、生活班ではなく、係活動のメンバーで机を寄せて、食事をしながら話し合います。

話し合ったことは、「係活動計画シート」に記入します（資料3）。その後、記入を終えたシートを私のところにもって来させ、前述の「実現可能性」と「有用性」について吟味し、決済のハンコを押すのです。

決済のハンコと言うと仰々しいですが、かわいい花の形をしたものです。

これが、実にうまくはまりました。

この決済システムは、裁定を下すというよりも、案を考える時間を子どもに与え、それに対して教師がアドバイスを行うという仕組みなのです。

実際、子どもが立てる計画は曖昧なものが多いですから、「誰がやるの？」「いつやるの？」と問い返しながら計画を詰めていきます。

まさに、5W1Hですね。

つまり、私とのやりとりを通して、Who（だれが）、When（いつ）、Where（どこで）、What（なにを）、Why（なぜ）、How（どのように）を考えさせるわけです。このやり方であれば、教師があれこれ口を出してしまうことも、放任することもなくなるばかりか、計画を修正しながら実現可能性と有用性を高めていく力を身につけていけます。

この仕組みをどのようにして思いついたのか…実は、なんのことはありません。〝自分の仕事を振り返ったら、フツウにそうだった〟というだけのことです。

研究授業の指導案を立てたら、上司のアドバイスをもらう。そうすることで、足りないところに気づけたり、新たな発想をもてたりしますよね。そのうえで、決済してもらえばうれしい気持ちになってモチベーションが上がる。それと同じことだったのです。

〝この仕組みを学級にもち込んだらどんなことが起きるだろう〟そんな好奇心でやってみたら、とてもうまくいったという話です。おそらく、この取組の肝は、（評価としてではなく）手続きとして組み込んだ点にあるのだと思います。

次は、「場」のもち方です。

子どもたちが自由に使える時間は、中休みと昼休みくらいです。その時間を充ててしまえば、子どもたちは自由に遊べなくなります。にもかかわらず、「みんなの好きな時間でいいよ」などと安易に教師が促してしまえば、（「じゃあ、算数の時間」などと言い出す子もいるかもしれませんが、教師に否認されるので、結局）子どもたちは、この大切な遊ぶ時間を充てざるを得なくなります。それでは、活動が形骸化するのは必至でしょう。

これは、子どものやる気の問題ではありません。システムの問題です。活動の「場」は、教師の意図のもとに設定することの必然性がここにあります。

私は、朝の会、帰りの会、学活、朝学習後の時間などを使うようにしています。この時間設定は、決済前の計画相談の際に行います。「○日の○○の時間なら10分あげられるよ」と提案するといった案配です。

子どもに委ねるべきは委ねる、そうすべきではない事柄は教師が決める、この抜き差

しが大事だと思います。それに、そのほうが子どもも（自由に考えていいし、かといって、余計なプレッシャーを感じる必要もなくなるので）安心して取り組めます。

そのための教師の見極めです。最低限どのようなことが必要なのかを明らかにできるのは教師だけだからです。それができてはじめて、楽しくて継続性のある係活動となるのです。

そうはいっても、なかには、活動が軌道に乗らない係も出てきます。これには、共通する原因が2つあります。

●全員参加の活動になっていない。
●活動に持続可能性がない。

以前「お悩み相談係をやります」と言ってきた子どもたちがいました。「悩みをポストに入れてもらって、それに返事を出す」という活動です。〝おそらく長続きしないだろうな〟と内心思いましたが、熱心にやりたがるので決済することにしました。しばらく様子を見ようと考えたのです。

最初の何日間かは手紙が入っていて、「なんて返事しようか」などとワイワイしていましたが、思ったとおり長続きしません。誰も手紙を入れてくれなくなったからです。

クラスメートにちょっと相談するような悩みごとなど、そうあるものではありません。ましてや、自分では解決できない本物の悩みであれば、なおさら打ち明けようとはしないでしょう。言うまでもなく、お悩み相談係の活動は停滞していきました。

このような形で停滞してしまうと、「場」の設定は意味をなしません。かといって、自主性の名のもとに放置するわけにもいきません。

「うまくいかなくなった係は開店休業になってしまう」

もし、こんなことが当たり前になってしまえば、特定の係だけでなく係活動そのものの停滞につながってしまうでしょうから。

そこで、私はてこ入れすることにしました。

係活動の計画を立てる給食の時間、お悩み相談係のメンバーは、いつもどおり「悩みを募集する」という計画を書いてきました。その表情は曇りっぱなしです。私は次のように切り出しました。

「悩みって、いつもあるわけではないよね。あったとしても、それを書くのは勇気がいるし…」

子どもたちは、うつむきがちに聞いています。

「でも、誰かの悩みを解決したいという気持ちは大事だと思う。気持ち、心、そういうものは、誰にとっても大切だものね」

今度は、うなずきながら聞いています。

「でね、ちょっと発想を変えてみない？　心に関係することで何かやれないかな？　募集するだけじゃなくて、たとえば『お悩みゲーム』みたいな？」

子どもたちの表情が一瞬にして明るくなりました。

彼らがこの後、お悩み相談係の取組として考案してきたのが、「ストレス発散！的当て大会」でした。屋上に的を用意して、参加者が大きな声を出しながらボールをぶつけるという活動です。

「それって、もはやお悩み相談係とは言えないんじゃない？」と思われる方もいるかもしれません。しかし、私はまったく問題ないと思っています。「学級を楽しく豊かにする活動」（係活動の目的）でさえあれば、なんだっていいと思っているからです。「何をするか」よりも、「何のためにするのか」を重視しているわけです。

実際、このイベントは、クラスメートから「すごく楽しかった！」とよい評価をもらうことができたし、お悩み相談係の子どもたちも満足そうでした。ノープロブレムです。

このように、子どもの活動が停滞したら、その原因を分析して適切なアドバイスをする。子どもたちは、教師のアドバイスをよりどころとして再考し、またチャンレンジする。この繰り返しが、「自分たちが学級をつくっている」という自己効力感を育てます。

実を言うと、この点に自己効力感のカラクリがあります。教師のアドバイスがあったから停滞から抜け出せたのに、子どもたちのほうは、「自分たちの力で成し遂げた」と思い込むようになるというおもしろい現象です。

確かに、聡明な子であれば、「先生のアドバイスがなければ…」「先生のおかげで…」と考えるかもしれません。しかし、多くの子どもは、それとは違う受け止めをするのです。

ある心理学では、こんなことが言われています。

「思考に行き詰まったある人が、他者から与えられたきっかけによって思考を再始動できたとしても、それが他者からの恩恵によるものだと気づきにくい」

このことを子どもとの関係で置き換えると、悩んでいる子どもへのアドバイスが「きっかけ」を与えてくれたものであることに気づかず、〝自分（たち）で考えついた〟と考えるようになるといえるでしょう。お気づきの方もいると思いますが、第2章で紹介した若手への指導と同じです。送り手の言葉が命令や指示でなければ、どれだけアドバイスしても、受け手の達成感や自己効力感の育成を邪魔しないということなのです。

＊

係活動には、（当番活動と同様に）「今日、学校に行く意味」を子どもたちにもたせる機能があります。このことは、所属感や自己効力感を味わわせることができると言い換えることができます。

当番活動は「仕事」、係活動は「学級を楽しく豊かにするもの」という違いはあるものの、その目的はとても似ているわけです。

こうしたことから、「当番活動」と「係活動」を学級のシステムに組み込み、適切に運用することによって、子ども自身が学級をつくるという雰囲気を醸成するようになるのです。

「排除する空気」を排除する

教師である私たちは、日頃から「目指す子ども像」を想定しながら仕事をしています。このこと自体に疑問をもっているわけではないのですが、「目指す子ども像」には何かしら不明瞭さを感じることがあります。

一口に「目指す子ども像」といっても、元気な子ども、やさしい子ども、積極的に発言する子どもなど、その具体像は教師によってさまざまです。さらに言えば、多少荒っぽい元気さでもよいのかなど、どういう姿を「元気」だとみなすのか、そのとらえさえも千差万別です。

この点に、私はむずかしさを感じることがあるのです。教師同士うなずき合っていても、お互いにイメージするものが別物だったり、ときには実体のない言葉にすぎないことも少なくないと感じるからです。

こうした考え方もあって、学級経営では発想を逆転することにしました。私は「目指す子ども像」ではなく、「目指さない子ども像」を明らかにしてみようと思ったのです。実際にそうしてみると、「目指さない子ども像」には、「目指す子ども像」では不明瞭だったイメージがクリアになったり、自分の身のうちに強い意志が働いたりするのを感じました。「〇〇のような子どもには、絶対になってほしくない」という意志です。

私にとって、その代表格が「排除する子ども」です。

「排除する子ども」というと、「いじめをする子どものこと?」と思われた方もいると思いますが、少し違います。私の考えでは「いじめをする子ども」は、相手がいやがることをすすんで行う子ども、「排除する子ども」は、「冷ややかな態度を取る子ども」を指します。たとえば、こんな子どもです。

●誰かが目立つことをしたときに、ニヤっとして何となく嫌な雰囲気を出す。
●全体に呼びかけている子供の呼びかけに対して、聞こえていない振りをする。
●特定の子がやったことについては、必要以上にきつい言葉が浴びせる。
●特定の子の行動には、あきれ顔をして見せる。

これらは、学級の子どもたちには、絶対になってほしくない姿だと思っています。それを回避するためには、「排除しない空気」を学級につくる次の3つの取組が有効だと考えています。

【第1】子どもが個性を表現する・受け入れる場
【第2】教師のポジティブ言葉
【第3】教師の振る舞い

【第1】子どもが個性を表現する・受け入れる場

これは、（第1章でも紹介した）朝の会で行っている「30秒スピーチ」で、（基本的には教師が設定した）テーマに沿って話をする場です。時間は、30秒から1分以内に収まるようにします（あらかじめ自宅で内容を書き読み上げるようにしています）。

これまで、次のようなテーマを設定しました。

- わたしの好きなこと、苦手なこと
- わたしの家族を紹介します
- もし100万円があったら
- もしタイムマシンがあったら
- もし生まれ変わったら
- わたしのやりたい（なってみたい）仕事

実際に子どもたちがどんな話をしてくれたのか、いくつか紹介したいと思います。

[テーマ] もしもタイムマシンがあったら（第1章の続き）

もしタイムマシンがあったら使わず売ります。なぜなら、今この世界にタイムマシンほどの価値をもったものはないからです。本当は、1兆円で売りたいんですが、お客様のことも考え、500億円で売ります。

また、タイムマシンで過去に行ったら、現在の世界に影響を及ぼす可能性があるし、未来に行っても特にやることがないので、やっぱり僕は売って、手に入ったお金で森永のアイスを作る工場を買収して幸せな生活を送ります。

［テーマ］わたしのやりたい仕事

わたしのやりたい仕事はパイロットです。なぜかというと、以前見たテレビドラマで、女の人がパイロットをしていてかっこよかったからです。それにキッザニアというところでパイロットの仕事の体験をやったとき、上や前にあるボタンをいじくり回してレバーを引いたり押したり傾けたりするのがとても楽しかったからです。

もしも本当にパイロットになれたら、空からの眺めを満喫して自分の家の上を飛んでみたいです。でもパイロットになるにはいくつも試験をして、英語で外国人とかと会話ができないとだめです。パイロットになるまでは、ほど遠いなぁと思いました。

朝の会などでスピーチに取り組んでいる教師は割といるように思います。その目的はなんでしょう。おそらく「話す力」や「聞く力」の育成なのではないでしょうか。国語に紐づけた活動として取り組まれていることが多いように思います。

それに対して、私はちょっと違う角度から取り組んでいます。それは「個性を表現すること」と「互いの個性を受け入れること」です。

そのため、私の学級の「30秒スピーチ」では、質問したり感想を言い合う時間を取っていません。その子のスピーチを一生懸命に聞いて、その子の個性をおもしろがってくれればいいからです。

最初のうちは、何をどう話したらよいかわからず戸惑いを見せる子もいます。しかし、慣れてくるうちに「もっと話をしたい」「もっと自分を知ってほしい」という気持ちが湧いてくるようです。さきほど例に挙げた子どもたちのスピーチにも、彼らのものの考え方や性格、ユーモアといった個性にあふれていることがわかります。

見方を変えれば、「30秒スピーチ」は評価を受ける場ではないということでもあります。「話す力（聞く力）がついてきたね」とほめたり、「もっとこうしたほうがいいよ」などと指導したりする場ではないということですね。

そうではなく、「自分が言いたいことを、みんなが聞いてくれた」という体験を積み重ねる場、「どんな人のどんな話にも、何かしら興味深いものがある」という発見を積み重ねる場なのです。

［第2］教師のポジティブ言葉

心理学の分野で、次の実験があります。対象は学生です。

まず、2つのグループに分けて、別々の教室に入ってもらいます。Aグループにはネガティブな言葉を見せます。Bグループにはポジティブな言葉を見せます。その後、それぞれの教室に大学職員に入ってきてもらい、彼への印象を書かせます。すると、Aグループの学生はその大学職員に対して悪い印象を書き、Bグループの学生は反対によい印象を書いたというのです。

この実験結果から、次のことがわかるといいます。

人は、自分自身の力で目の前の事象を快か不快かを判断しているように見えて、実は、判断する前に生じた別の事象に引っ張られて（影響を受けて）判断してしまう。

この知見に触れたとき、ちょっと身震いしました。〝言葉を通して、いったいどれだけの影響力を、私は子どもたちに及ぼしているのだろう〟と怖くなったのです。私が何気なく使った言葉が、子どもの思考をどれほどネガティブにしてしまっていたことか…。

とはいえ、誰かを傷つけるような言動を目にしたときは、強い口調で叱責しなければならないのが教師です。では、どのような言葉を選択すればよいのでしょうか。ネガティブな場面でも、ポジティブな言葉で、教師の意図を子どもに伝えることはできるのでしょうか。

次の2つの場面を考えてみたいと思います。

［掃除の場面］

・多くの子どもたちはしっかり掃除しているのに対して、数人の子どもは適当にやったり、ふざけたりしている。

●ネガティブ言葉による叱責

何をやっているんですか。ずっと遊んでいて、ただのサボりです。みんなが掃除をしているのに、サボっていいと考えているんですね。もうやらなくて結構です。

●ポジティブ言葉による叱責

あなたがそうやっている間に、他の人は働いていますよ。自分とみんなを比べて、どのようなことを思ったり考えたりしますか？

［あいさつや返事の声が小さい場面］

●ネガティブ言葉による叱責

みなさんはいつも挨拶や返事の声が小さいです。まったくやる気を感じません。大きな声で挨拶や返事をしないと、やる気がないとみなしますよ。

●ポジティブ言葉による叱責

　みなさんはいつも挨拶や返事の声が小さいです。今日は、大きな声で挨拶や返事をすることを意識しましょう。学級全体が変わることを期待しています。

　ネガティブ言葉にせよ、ポジティブ言葉にせよ、教師として伝えたいこと（子どもに変容してもらいたいこと）は同じです。しかし、受け手の心のもちようは決定的に異なります。ネガティブ言葉は、（いったん黙らせて言うことをきかせるという意味での）即効性はあるように思います。課題が明確で、子どもの心に直接突き刺さるからです。しかし、日常化すればネガティブな感情がじわじわと浸透してしまい、やがてネガティブ思考がはびこる学級となってしまうでしょう。

　その結果、何が起きるのか。クラスメートに対してネガティブな発言を繰り返すようになります。子どもは、悪い方向にも教師の言動をまねるからです。まさに、私がそうなってほしくない「排除する子どもの姿」です。

　教師も人間です。つい感情的になり、ネガティブ言葉を選択してしまいたくなることもあります。しかし、その感情をぐっと堪えられるか。たとえすべては無理でも、その頻度を減らすことができれば、他者を排除しようとする意識を抑えられるでしょう。

【第3】教師の振る舞い

①子どもに誤ったメッセージを送らない

（繰り返しになりますが）教室で黒板の前に立つ教師は、子どもに強い影響力を及ぼす権力者です。ですから、その力をどう行使するのが適切なのか、常に頭を悩まされます。

さまざまな活動を通じて「排除しない空気」をつくろうとしていても、ネガティブ言葉に気をつけていても、教師としての振る舞い（接し方）を誤れば、すべて水泡に帰すからです。この振る舞いのむずかしさは、自分では意識しにくい点にあります。

「さっきも説明したじゃない。ちゃんと聞いていましたか？」

「またですか」

「周りを見ていればわかるでしょ？」

「ちょっとは自分でも考えてみなさい」

そう指摘する教師の顔は、怒り顔、困り顔、あきれ顔、最後は腰に両手を当てて頭を振りながら溜め息…。

もし、教室がダンス・スタジオのように四方の壁が鏡張りだったら…自分がどのような姿で子どもに接しているのか目にすることができるでしょう。しかし、実際の教室はそんな構造にはなっていません。教師としての自分の振る舞いを客観的に知ることは、実にむずかしいのです。

もし、ネガティブで、非言語的で、子どもに余計なプレッシャーをかけるような表情や態度で接していれば、誤ったメッセージを子どもたちに送り続けることになります。それが、次のような受け止めをさせてしまうのです。

「あの子は、先生を困らせてばかり。だから、だめな子なんだ」

「あの子がいるから、このクラスはよくならないんだ」

まさに、教室のなかに「排除する空気」の芽が、毒を吐きながら発芽した瞬間です。恐ろしいことですが、本当にそうなのです。

こんな話を読んだことがあります。

普段は虫も殺さないような温厚な人が、権力者に命じられると、人が変わったかのようにためらいもなく、非人道的な振る舞いをするという話です。

これは、戦争や紛争などの有事の際に引き起こされる惨劇などがモチーフにされる話ですが、平時であっても、また教室であっても起きうることだと私は考えています。

もちろん、教師が直接的に「あの子を排除しなさい」などと命じることはありませんが、そう受け止められてしまう振る舞いをいかに制御下に置くかです。

たとえば、このような調子です。

「さっきも説明したじゃない。ちゃんと聞いていましたか？」

「隣のAさんがメモを取っていたから、聞いてみるといいよ」

↓

無理にニコニコしながら答える必要はありませんが、ムッとした気持ちはできるだけ表に出さないようにします。表情はフラット、言葉は中立。これに徹すれば、ネガティブな振る舞いを、かなりの確度で抑えることができます。

②学級開きで伝えること

ここまで、いかに「排除する空気」が教室に生まれないようにするかについて述べてきましたが、子どもたちに直接的な言葉で理解させることは、なかなかにむずかしいものがあります。「友達を排除しちゃだめだよ」と口にするだけでは、その言葉の意味や意図が届きにくいからです。子どもに伝わる言葉に言い換える必要性がここにあります。

低学年や中学年であれば、学級開きで「みんなで仲よしが大切だよ」と伝えます。

この「みんなで仲よし」という言葉は、「全員と親友になろう」という意味ではありません。私は、次のように話を続けます。

クラスには30人のクラスメートがいます。とても多いから、大好きな子、仲よしの子もいるし、ちょっといやだな、苦手だなと思う子もいると思います。それは、自然なことです。みんな人間だからです。でも、大人になったらそうはいきません。苦手だなと思う人ともつき合わなければ生きていけないからです。

だから、いまがチャンスです。苦手だと思う人であっても、何かよいところを探してみましょう。よいところを見つけたら、誉めてあげましょう。みんなには、ぜひそういう人になってほしい。先生はそう思っています。

〝学級は、苦手な人ともそれなりにつき合えるようにするトレーニングの場なんだ〟というメッセージを「みんなで仲よし」という言葉に託しているのです。

なお、高学年であれば「自分勝手、誰かの心と体を傷つけることは許さないよ」という言葉を使い、その意味と意図を伝えます。

③ときにはリスクを伴う話し合いにも踏み込む

学級開きでどんな話をしても、ネガティブ言葉や振る舞いに気をつけていても、周囲へのいやがらせをしてしまう子どもが、（程度にもよりますが）学級に1人くらいいるものです。「この子はむずかしい」と教師に思わせる子です。2人以上いたら、それはもう本当にたいへんな1年になりそうです。

ただ、こうした子は、どうも排除の意識から行動しているわけではないようです。意図的か無意識かはわかりませんが、周りがいやがることをするのを、ただやめられないのです。おそらくその子自身、自分一人の力ではどうすることもできないのでしょう。

こうした子が何か問題を起こすたびに対応するのはとてもたいへんです。しかし、私がここで問題にしたいのは、その子の行動ではありません。その子を取り巻く周囲の子どもたちの意識です。

「何を言っても、いやがらせをやめようとしない」

こうした事実が積み重なると、否が応にもその子に対するネガティブな意識が生まれます。その子を排除したいという欲求です。

それを放っておくと、最初のうちは何人かだったものが、やがて学級全体に蔓延していきます。するといつしか、（その子への意識を起点にしながらも）「誰かからいやなことをされたら、別に排除したっていいよね」という空気が、教室に立ち込めてしまう。私はそれを怖れているのです。

こうしたことは、けっして珍しいことではありません。（残念ながら）どの学級でも起きうることです。

私はかつて次のように対応したことがあります。ここでは、子どもたちとの話し合いの概略だけ会話形式で紹介します。

横田「Aさんが、みんなから冷たい扱いをされると言っています。この言葉を聞いて、どう感じますか？」

Bくん「冷たい扱いをしてしまったのは悪かったです」

Cさん「わたしも同じです。Aさん、話したときに適当に聞いたりしてすいませんでした」

このとき、〝教師から言われたから、とりあえず謝っているんだな〟と私は感じました。この話し合いの前に、周囲の子どもたちにいやがらせをしているAさんの姿を見ていた私はこう切り出しました。

横田「Aさんに対して伝えたいことが、本当はあるんじゃないですか？　Aさん、苦しい時間になるかもしれないけれど、しっかりみんなの言葉を聞きなさい」

Dさん「冷たい態度をとってしまったことは悪いとは思うけど、Aさんは、嘘をついたり、わざとぶつかったりしてきます。だから、正直言っていやな気持ちがすごくあるし、心から許そうとは思えませんでした」
Cさん「Aさんも、先生の前だけでなく本当にいやなことをしないでほしいです。わたしたちも冷たくしたくないです。だから、Aさんも変わってください」

ここまでの話を受けて、私はAさんに対して言いました。

横田「みんなの言葉を聞いて、どんなことを思ったり考えたりしましたか？」
Aさん「みんながなぜ、わたしに対して冷たい態度を取っていたのかがわかりました。自分の行動が、周りにいやな気持ちをさせていたということがわかりました」

この話し合いは、学級全体で行ったものです。そのうちの一部を切り取って紹介したものなので伝わりにくいかもしれませんが、Aさんにとってはもちろん、周囲の子どもたちにとっても、私にとっても苦しい話し合いでした。
この後、Aさん本人もなんとか変わろうとしていたし（実際、少しずつ変わっていきました）、クラスメートも見捨てないように努めていました。

もちろん、この一度きりの話し合いで解決したわけではありません。また、このような話し合いの仕方を推奨したいわけでもありません。実を言うと、この話し合いにもち込む前に前哨戦がありました。それは、私とAさんとの日々の積み重ねです。

Aさんのいくつかの行動は、周囲の子どもをいやな気持ちにさせるものであること、どの行動がそれに該当し、該当しないのはどんな行動なのか、いやな気持ちにさせないためには何が必要かなどについて、Aさんと毎日2人で1日の振り返りをしながら一緒に考えるようにしていたのです。

もし、こうしたやりとりがないままに、話し合いに突入していたら、Aさんは、よく考えもせずに、クラスメートからの指摘を撥《は》ね退《の》けてしまったでしょう。

この話し合いの最後、私は子どもたち全員に次の話をしました。

Aさんが、みんなから冷たい態度を取られたのは、そうさせてしまう行動をしたからです。でも、Aさんは先生と毎日振り返りをして、「何とかしよう」と努力してきました。どうか、そこはわかってください。

Aさんは変わらなくてはいけません。そのためには、Aさんはこれからもがんばらなければなりません。しかし、それだけでは足りません。みんなの力が必要なのです。どうかAさんに手を貸してください。支えたり見守ったりしてください。

人は誰しも、誰かを排除したいという誘惑にかられることがあります。

自分の思いどおりにならないことを誰かのせいにしたいとき、理不尽な口撃に対抗するとき、自分が排除されないように予防線を張るとき、排除の誘惑から逃れることがむずかしくなります。

こんなときこそ、教師が見えざる権力を振るうときです。子どもたちが〝自分たちの力で問題を解決できた〟と思わせられるような権力の行使です。これは、教師にしかできないことです。

たとえ、ひととときの間、「排除する空気」が教室に入り込んできても、しっかり窓を全開にして換気してしまえばいい。そのうえで、排除そのものを子どもたちが嫌う空気にしたい。そのための「子どもが個性を表現する・受け入れる場」「教師のポジティブ言葉」「教師の振る舞い」なのです。

これらの取組は、いじめの発生そのものを抑止する効果さえあります。学級が、一人一人安心して個性を発揮できる場になるからです。それは、いじめをすることなんかより、ずっと楽しくて、うれしいことがいっぱいある場なのです。

偶発的な場を活用する

ここまで、子どもが〝自分で力を発揮（獲得）できた〟と思わしめる教師の見えざる意図や指導について述べてきました。こうしたさまざまな取組は、一定の効果を挙げつつも（そう私自身実感しつつも）、それでもやっぱり学級では（想定外の）トラブルが起きます。

しかし、こうした偶発的なトラブルであっても、（ピンチをチャンスに変えて）子どもの自己効力感を育てることができるし、個性を受け入れることの大切さを学ばせることができると私は考えています。

そこで、ここでは実際にあった2つの出来事を題材にしながら述べていきたいと思います。

1　トラブル転じて福となす

学級でしばしば起こるもめごとの1つに、「不快な思いをさせられた」があります。たとえば、悪口。「先生、Aさんが私の悪口を言っているって、Bちゃんから聞きました…」

郵 便 は が き

料金受取人払郵便

本郷局
承認

3601

差出有効期間
2022年２月
28日まで

1 1 3 8 7 9 0

東京都文京区本駒込5丁目
16番7号

東洋館出版社
営業部 読者カード係 行

ご芳名	
メール アドレス	@ ※弊社よりお得な新刊情報をお送りします。案内不要、既にメールアドレス登録済の方は右記にチェックして下さい。☐
年　齢	①10代　②20代　③30代　④40代　⑤50代　⑥60代　⑦70代～
性　別	男　・　女
勤務先	①幼稚園・保育所　②小学校　③中学校　④高校 ⑤大学　⑥教育委員会　⑦その他（　　　　）
役　職	①教諭　②主任・主幹教諭　③教頭・副校長　④校長 ⑤指導主事　⑥学生　⑦大学職員　⑧その他（　　　　）
お買い求め 書店	

■ご記入いただいた個人情報は、当社の出版・企画の参考及び新刊等のご案内のために活用させていただくものです。第三者には一切開示いたしません。

Q ご購入いただいた書名をご記入ください

(書名)

Q 本書をご購入いただいた決め手は何ですか（1つ選択）

①勉強になる　②仕事に使える　③気楽に読める　④新聞・雑誌等の紹介
⑤価格が安い　⑥知人からの薦め　⑦内容が面白そう　⑧その他（　　　　　）

Q 本書へのご感想をお聞かせください（数字に○をつけてください）

4：たいへん良い　3：良い　2：あまり良くない　1：悪い

本書全体の印象	4—3—2—1	内容の程度/レベル	4—3—2—1
本書の内容の質	4—3—2—1	仕事への実用度	4—3—2—1
内容のわかりやすさ	4—3—2—1	本書の使い勝手	4—3—2—1
文章の読みやすさ	4—3—2—1	本書の装丁	4—3—2—1

Q 本書へのご意見・ご感想を具体的にご記入ください。

Q 電子書籍の教育書を購入したことがありますか?

Q 業務でスマートフォンを使用しますか?

Q 弊社へのご意見ご要望をご記入ください。

ご協力ありがとうございました。頂きましたご意見・ご感想などをSNS、広告、宣伝等に使用させて頂く事がありますが、その場合は必ず匿名とし、お名前等個人情報を公開いたしません。ご了承下さい。

わたしはこのようなトラブルに対して、以前は次のように指導をしていました。

- ●まずは、訴えてきた子の話を聞く。
- ●次に、相手の子の話を聞く。
- ●当事者を集めて教師が間に入り、事実を確認する。
- ●どちらが悪いのか、教師が裁定する。
- ●悪いと判定した子に謝らせる。
- ●今後のかかわり方を話させる。

事実確認を大切にすることについては、いまも変わりませんが、実際に確認するのはとてもたいへんです。教師がトラブルの現場に遭遇したわけでもなく、目撃した子どももいなければなおさらです（もちろん、事件や事故などの場合は、絶対に事実確認を行います）。実を言うと、これまで私は何度となく失敗してきました。「事実」だと確信したことが、単純に誤りだったり、「いやなことを言ったのは、あっちが先だったのに…」と不満な思いを募らせたりしてしまったわけです。

また、どちらが悪いのか、教師の判断は正しかったものの、裁定したことによって、「先生に決めつけられた」と思わせてしまったこともあります。

こうした失敗を繰り返すなかで、気づいたことがあります。それは、**トラブルの当事者は子どもたち同士だったはずなのに、子どもたちの不満はいつの間にか教師である私に向けられていた**ということです。

なぜ、そうなってしまうのか。本来なら当事者同士で解決すべきところを、教師である私が裁定を下してしまったからです。彼らにしてみれば、自分たちの力で解決する道をふさがれた格好になったわけです。

では、どうすればよいのか。言葉にすれば簡単です。トラブル解決の主体を子どもに委ねればいいだけです。しかし、これがとてもむずかしい。

「じゃあ、時間をあげるから、よく話し合って解決しなさい」

これでうまくいくでしょうか？　少なくとも、私の経験上では、ほとんどうまくいったためしがありません。トラブル解決の主体は子どもたちであるべきだという一方で、子どもは教師に間に入ってもらいたいと思っているからです。結局のところ、子どもたちが求めていたのは、裁定者としてではなく、調停者としての教師だったのです。

ある哲学の本に、こんなことが書かれていました。

「事実などない。ただ、事物・事象に対する解釈があるだけだ」

たとえば、マグカップが目の前にあるとします。しかし、それがただ存在するというだけでは、陶器製の凹みのある物体がそこにあるというだけです。何の意味も成し得ません。その物体が「飲み物を入れる道具である」と解釈されてはじめて、マグカップになることができるのです。

この考え方に触れたとき、子ども同士のトラブルの仕組みが見えてきたように思われました。

ある子が何気なく言った言葉がどれだけひどい暴言だったとしても、それが暴言だと解釈されなければただの音にすぎません。見方を換えれば、受け止め手の解釈次第だということです。それによって、その子の心に及ぼす影響が決まるわけです。これが、人間関係におけるトラブルの本質であり、学級でも同じことが起きているんだと思うようになりました。

そこで、この考え方を学級のトラブル解決に応用できないものかと考え、実践するようになりました。

横田「Aさんが、Bさんのことで困っていることがあるんだって。ちょっとAさんの話を聞いてあげてみてください」
Aさん「Bさんから前に『遊ばない』と言われたことがあって、きっとわたしのことが嫌いなんだなと思います。なんでそんなことを言ったのか…悲しいです」
横田「それを聞いて、Bさんはどんなことを思ったり考えたりしました？」
Bさん「わたしは遊ばないなんて言ってません！」
横田「あのね、Aさんがこのような気持ちになっていることについて、どんなことを思ったり考えたりしたかを教えてほしいんです」
Bさん「わたしは本当に『遊ばない』なんて言ったつもりはないんです。ただ、用事があるから遊べないということを言ったことはあります。ちゃんと説明していなかったかもしれません。だからそんな気持ちにしてしまったのかなと思いました」
横田「Bさんの話を聞いて、Aさんはどのようなことを思ったり考えたりしました？」
Aさん「わたしが、Bさんが言ったことをちゃんと考えないで、いやなことを言われたと思ってしまったのかなという気がしました」
横田「Aさんの話を聞いて、Bさんはどのようなことを思ったり考えたりしました？」
Bさん「もっとちゃんと説明したほうがいいと思いました」

横田「Bさんの話を聞いて、Aさんはどのようなことを思ったり考えたりしました？」
Aさん「わたしが早とちりをしてしまったのかもしれないと思いました。これからはもっとちゃんと話を聞いたほうがいいと思いました」
横田「お互いに伝えようと思うことはありますか？」
Aさん「これからは、ちゃんと話を聞いて、よくわからなかったら聞き返すようにしたいと思います」
Bさん「わたしは相手に誤解されるような言い方をしてしまったみたいだから、これからはもっと伝わる言い方を考えたいと思います」

この対話を通して、私が行っていることは次の3つです。

●トラブルの当事者である子どもたちに水を向ける。
●一方が口にしたことに対して、感じ考えたことを尋ねる。
●ひととおり当事者の思ったことを出し合った後、これからどうしたいのかを尋ねる。

一見すると、教師が機械的に話し合いを進行しているかのように見えるかもしれません。しかし、本当に機械的であれば、この対話は途中で破綻します。出たとこ勝負では、都合よくいきません。では、なぜそうならずに済んだのか。

それは、Aさんの言い分もBさんの言い分も、双方へのヒアリングを通して事前に知っていたからです。それともう1つ、対話の着地点をいくつか用意していました。だから、うまくいったのです。トラブルそのものは想定外の偶発的な出来事ですが、解決への道筋は想定していたということです。

事前の情報収集と着地点を用意できれば、あとは当事者を集め、「Aさんが言いたいことは何か」「Bさんが伝えたかったことは何か」を念頭に置きながら、論点がずれないように対話の流れをコントロールするだけです。

ここが、それまでの私と決定的に違う点です。それは、どちらが正しくてどちらが間違っているかを裁定していないということです。私は、子ども自身が解決の糸口を見つけられるように水を向ける調停者なのです。

次に紹介するのは、個人間ではなく学級全体で改善しなければならないトラブルの例です。

何年も前のことですが、ある日の掃除の時間のことです。私がその場にいないのをいいことに、廊下担当の子どもたちが掃除をせずに遊んでいました。高学年の子どもたちです。その様子を見て注意した先生が、私にことの成り行きを教えてくれました。
私はまず、遊んでいた子どもたちに言いました。

横田「あなたたちは掃除をせずに遊んでいて、Y先生からご指導をいただいたと聞きました。そのようなことになった理由を説明してください」
Aくん「横田先生がいないから、まぁいいかと思いました」
横田「今日だけのことですか？　そうではないように思いますが、それについてはどうですか？」
Bくん「前にも遊んでいたことがありました」
横田「今回のことについて、私が思ったことや感じたことを話します。高学年でありながら、他の学年が見ているなかで、好き勝手やっていたことをとても残念に思いました。これまで高学年としてのすばらしい姿も見せてくれていたので、私がいなくてもしっかりやっていると信じて任せていました。しかし、このようなことが起きて、裏切られた気持ちがしています。ここまでのことについて、あなたたちは、どのようなことを思ったり考えたりしていますか？」
Cくん「先生がいないからといって、勝手なことをしてしまって、だめだったと思いました」

Dくん「他の学年の手本となるという目標でやってきたのに、それとは違う行動をしてしまって、よくない行動をしていると思いました」

彼らは本当に反省している様子でした。それが言葉だけでなく、態度からもうかがえました。なので、指導はここで終わらせることもできます。しかし、私はそうしませんでした。学級全体で共有する必要があると考えたからです。こうしたトラブルは、遊んでいたこの四人組だけの問題ではなく、子どもであれば誰でも起こしうるものだからです。

そこで、私は次のように伝えました。

横田「今日のことは、あなたたちだけではない、ほかの人たちもやってしまうものですよね。実際にそんな姿を見たことがあると思います。ですから、この後、みんなの前で何があったのか、しっかりと話をして、みんなの考えを聞いてほしいと思います。ほかでもない、あなたたちのクラスメートのためにです」

彼らは、みんなの前で自分たちがしたことをちゃんと話してくれました。すると、こんな話し合いがはじまりました。

Eさん「わたしたちは教室でちゃんと掃除をしていたのに、なんで、遊んでしまったんですか？」

Aくん「先生が見ていないから、まぁいいかと思ってしまったからです」

Fくん「ぼくも、まぁいいかと思ってしまうことがあります。でも、それをやってしまうとよくないと思ってがまんしました。だから、がまんしたらよかったんじゃないかなと思いました」

Gさん「今回のようなことを続けていると、不公平さがどんどんできてしまうと思います。学級目標に『一致団結』とあるんだから、みんなでちゃんとやるようにしてほしいです」

横田「ここまでの話し合いを振り返って、今回のトラブルを起こしてしまった人たちは、どのようなことを思ったり考えたりしましたか？」

このような話し合いの場合、私は指名をしません。口火を切る役目と、子どもたちの意見が出尽くしたところで、自分なりに感じ考えたことを振り返らせる役目を負うだけです。

けっして、「いまからみんなに謝りなさい！」などとも言いません。謝らせたところで、その子たちを委縮させるか、怒りの感情をもたせるだけのこと。何もいいことはありません。私は、子どもたち同士のやりとりを通して、学級の価値観をつくっていってほしいのです。そのための話し合いです。

重要なのは、いつだって子どもが自分たちの力で論点を見いだし改善案を考えられるようにすることです。そのために、私は黒子としての教師でありたいのです。

2 子どもが言い出したイベントを活用する

「クラス集会（お楽しみ会）をやりたいです！」と言ってくることがあります。私はたいてい「いいよ」と言って決済します。子どもたち主催のイベントは、彼らの自己効力感をはぐくむ絶好の機会となりうるからです。

もちろん、うまくいけば…の話です。ここに、学級の見えざる手をつかさどる黒子の出番があります。

まず、（第２章で紹介した）子どもたちに絶対させてはならない「失敗領域」を設定します。クラス集会であれば、次の３つ。

●やりたい！と言ったはいいものの、準備がいっこうに進まない。
●当日のイベントが、どう考えても私が与えた時間内に収まらない。
●一部の子どもだけが楽しめる内輪の会になっている。

資料4　ホワイトボードとマインドマップ

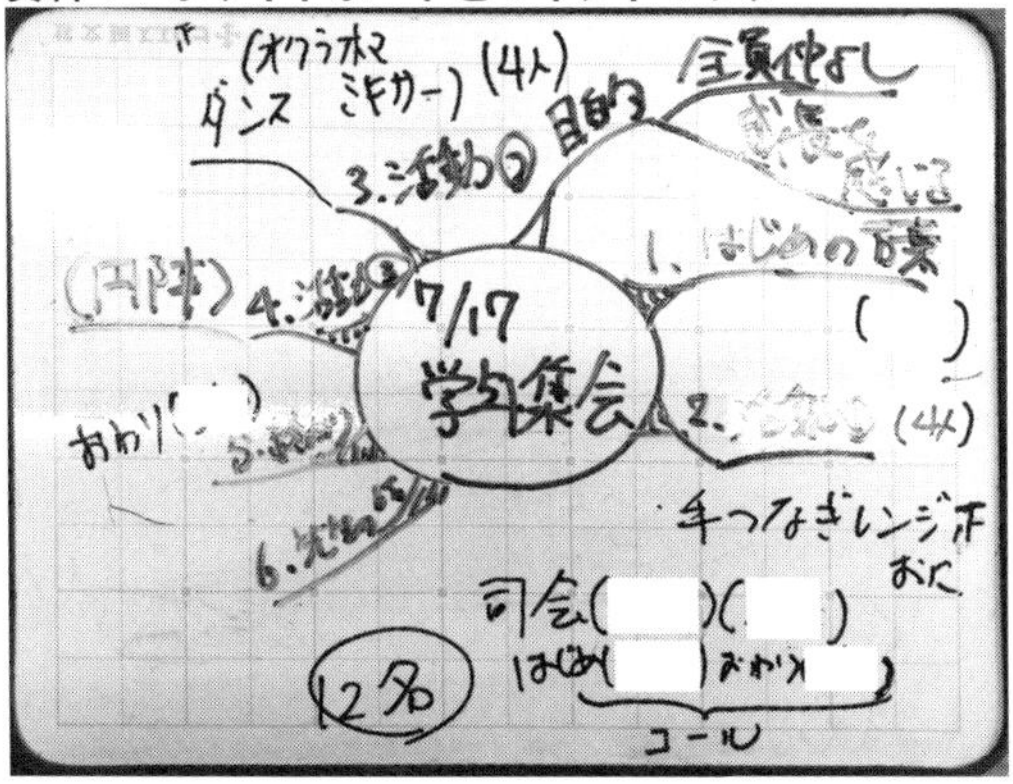

次に、実行委員を募り、ホワイトボードを使いながら子どもたちに話し合わせ、イベントの目的、期日、当日のプログラム、必要な物、担当者の役割などをマインドマップに書き出していきます（資料4）。実現可能なイベントとするために必要なこと（5W1H）を洗い出し、各自の責任を明らかにするとともに成功の見通しをもたせるためです。ここまでくれば、よほどのことでもない限り、それなりに成功します。

ちなみに、ここまで手を貸すのは、最初の何回かです。何度もやっているうちに、子どもたち自身でできるようになるからです。6年生になるころには、自分たちでマインドマップを書いて計画を立てることができるようになります。

　私は、ホワイトボードやマインドマップをよく使っていますが、別にそうでなくてもかまいません。どんなツールを使うかが問題ではないからです。教師が黒子としての指導性を発揮できていることが重要です。

＊

（第2章でも触れたことですが）日頃気になっている考え方があります。それは、「失敗も経験だ」というものです。考え方そのものは正論だと思うのですが、小学校教育においては危うさを含んだ考え方であると思っています。

　すぐに修正がきく失敗、うまくいかなくても挽回できる失敗であれば問題ありません。むしろ身の肥やしにできる経験になるでしょう。つまり、学校教育で経験すべき失敗は、社会で生きる力を育むためのきっかけとなるものでなければなりません。そのために、失敗を失敗のままに放置することなく、「失敗したけれど、うまく挽回できた」という経験となるよう、教師が導いていくことが必要です。

　これに対して、取り返しのつかない失敗であればどうでしょう。自己効力感を下げ、無力感を増長させてしまうだけで、百害にしかなりません。しかし、学校は、この取り返しのつかない失敗が起きてしまう場所でもあるのです。このことに、私たち教師は注視する必要があると思います。

取り返しのつかない失敗とは何か、「失敗の定義」を教師があらかじめ明確にしておくべき理由がここにあります。言い換えるならば、リスク管理です。そして、許容できる失敗をきちんと想定し、子どもがその領域に入ってしまったら、「どうすれば、その子自身の力で挽回できるのか」と必要な手立てを用意しておくのです。

（何度も述べていることですが）キーワードは「自己効力感」と「個性の表現・受け入れ」です。子どもにこれらの力や態度を育成するために、教師は黒子の指導性を発揮して、子ども自身が「自分たちの力でできた」という感覚を一つでも多く味わわせたい、私はそう強く考えています。

第4章

授業を行う前の下ごしらえ

教材研究は授業づくりの土台

「もっといろんなことが知りたい」

「勉強も、運動も、友達と仲よくすることも、みんなできるようになりたい」

どの子どもも、こんな知的好奇心と資質・能力向上への願望をもっています。

傍目には、そう感じられない子どもであってもそうです。過去にいやなことが度重なったために、表立っては自分の気持ちを示すことがむずかしくなっているだけです。（よほどのことがあったのでない限り）心のうちに右の願望を隠しもっていると私は思います。

こうした子どもたちの思いを実現することが、教材研究の目的なのではないかと私は考えています。

1　教材研究の目的

私の師匠の一人に、高橋貞夫先生がいらっしゃいます。昭和43年に改訂された学習指導要領の指導書（社会科）の作成にかかわった方で、高橋先生から受けたきびしくもあたたかい教えが、私の教材研究の根幹となっています。

その高橋先生から、しばしば次のような言葉をいただきました。

「なぜ、米づくりの勉強を子どもはやるんだ？」

「工業の本質って何だ？　答えられるか？」

哲学的な問いです。

地域性を考えないならば、将来、農家で働く子どもはごくわずか。米づくりについて何も知らなくても生きていけるし、生活に困ることもないでしょう。仮に、米が市場から消えたとしても、主食となる食べ物はほかにもあります。工業だって似たようなものです。

にもかかわらず、私たち教師は、米づくりや工業にかかわる授業を行わなければなりません。

「学習指導要領や教科書で取り上げられているからでは？」と答える方もいるかもしれません。しかし、それだって「ではなぜ、取り上げられているのか？」と問い返されれば、答える側はふりだしに戻ります。

高橋先生が指摘されていることは、「学習することの意味」を教師の側がつ、か、ん、でおかなければ、子どもたちに適切な学びを提供することはできないということだと思います。そのための教材研究です。

2　教材研究の手順

学校は公教育の場であり、その目的は「子どもたちの人格の完成（教育基本法第1条）を目指し、次世代を担う人材を育てる」ことにあります。とても大きな目的ですが、これを現場教師の桁でとらえるならば、さまざまな学習活動を通じて、学習指導要領の趣旨の実現を目指すということになるでしょう。

この原理・原則に照らして教材研究を考えるならば、次の事柄には十分気をつけなくてはいけないことがわかります。それは、「教師が教えたいことを見つけることが教材研究ではない」ということです。

私は次の手順にのっとって、教材研究を進めています。

(1)　学習指導要領解説の分析
(2)　教科書分析
(3)　単元にかかわる事例の情報収集

(4)　教材分析
(5)　概念を探る
(6)　問いの構成

(1)　学習指導要領解説の分析

平成29年告示の学習指導要領では、各教科等の目標に「見方・考え方」が示され、文科省解説によると、知識・技能、思考力・判断力・表現力等、学びに向かう力・人間性のすべてにかかわるものだと説明されています。

社会科では「社会的事象の見方・考え方」とされているので、社会科の教材研究であれば、この見方・考え方を意識しながら表にまとめます（次頁の**資料1**は、「森林とわたしたちの生活」〈第5学年〉の単元を表にしたもの）。学習指導要領解説の文言を整理することが、この表づくりの目的です。

表の横方向には教材の具体的な事例、縦方向には「社会的事象の見方・考え方」のうち、「時間的な視点」「空間的な視点」「相互関係的な視点」を並べます。文科省解説では、「〜に着目して、たとえば〜という問いを見いだし」という定型が示されているので適切な位置に配置します。この段階で、教材研究の視点が定まります。

な役割を果たしていることを理解する。

森林の育成や保護に関わる人々の工夫や努力（森林資源の働き）

・江戸時代から人工林を育成することを生業とする人々がおり、日本の森林は常に手入れが行き届く状態だった。
・林業従事者は戦後から減少傾向。間伐や植林を行うことが難しくなっている。
・森林ボランティア（檜原村発祥）と呼ばれる人々が1980年代ころから増え始め、森林保全に関わるようになっている。
・2003年より「緑の雇用」制度が始まり林業従事者増を図ろうとしている。
・1950年から緑の募金が始まり、国民による協力が呼びかけられている。

・日本全国の林業者が減少傾向である。
・森林組合によって森林の維持・管理が図られているが、組合員の減少がある。
・森林ボランティアやNPOが全国の森林の維持・管理として活動している。（世田谷区でも多くのNPOが存在している）
・木質バイオマスを取り入れた発電を行う自治体が全国に広がっている。（岡山県真庭市）

・東京チェンソーズなど森林整備を行う企業が2005年ころに誕生した。
・国産木材の消費を促すための「木づかい運動」が林野庁と企業が中心となって行われている。
・NPOは森林と国民を近づけ啓発する活動を進めている。（Yさん、Kさん）
※Tさんは木を手入れすることに、生きがいを感じている。

舞台である国土の保全を関連付けて、森林との大切さを考え、文章で記述したり、根拠や理由を明確にして議論したりする。

■「森林とわたしたちのくらし」における「解決を構想できる社会の課題」
（扱われている課題）
「どうすれば放置されている森林を減らすことができるのか」
・林業者を増やす。
・森林ボランティアを増やす。
・木が放置されないように買い取る。
↓
では「自分たちは何ができるのか」
※どうすれば、「自分たち」がやらなければいけないというロジックになるのか。

「社会的な見方・考え方」は、課題を追及したり解決したりする活動において、
①社会的事象等の意味や意義、特色や相互の関連を考察したり、
②社会に見られる課題を把握して、その解決に向けて構想したりする際の視点や方法であると考えられる。

（内容の取扱い）
・国民の一人として、国土の自然環境、（略）に配慮した行動が求められるなど国民一人一人の協力の必要性に気付くようにすることが大切である。（教材の要素として取り扱う）
・一度、破壊された環境を取り戻すためには長い時間と多くの人の努力や協力が必要であることに気付くことができるようにする。（教材の要素として取り扱う）
・自分たちには何ができるかなどと、自分たちに協力できることを考えたり選択・判断したりして、国土の環境保全への関心を高めるように配慮することが大切である。

資料1　森林とわたしたちのくらし（教材構造のイメージ）

理解目標及び態度目標
・森林は、その育成や保護に従事している人々の様々な工夫と努力により国土の保全などに重要
・国土の環境保全への関心を高めるように配慮する。

	森林の種類や広がり、国土に占める割合など （森林資源の分布）	森林資源がもつ多様な機能 （森林資源の働き）
時間的な視点	・有史以来、日本人は森林を農業や生活に利用してきた。 ・江戸時代ころから人工林を始めた。 ・江戸時代から戦前までは、はげ山だらけだった。 ・戦後、広葉樹も木材のために伐採されたが同時に、スギやヒノキを植林することが多くなった。 ・現在の森林は量や面積としては最も多い。 ・20年前の本にも「荒れている」と書かれている。	・明治時代や戦前は土砂崩れや洪水が多く発生していた。近年は減少している。 ※森林の働きによる自然災害の防止には限界があることについても触れる。 ・近年、里山で暮らす人々は森林が拡大してしまい「山が迫ってくる」と表現しており、土砂崩れの危険や獣害が迫るようになっている。 ・荒れた森林が増えることによって、今後、森林が荒廃していくことが予測される。
空間的な視点	問い：国土における森林の面積の割合はどれくらいか ・日本全国の約6割が天然林、4割が人工林 ・国土全体の28%が人工林 ・手入れのできていない森林が広がっている。	・日本全国の洪水や土砂災害を緩和している。 ・水源涵養林、保安林などと指定されている森林が日本全国にある。（川場村にもあった） ・かつては地域に「里山」と呼ばれる森林があり、人々は生活のために利用していた。
相互関係的な視点	・戦争の影響で家を失う人が多くなり、復興のためにたくさんの木材が切り出されたことではげ山となった。 ・戦後、全国の林業家が植林したが、就業人口の減少、安い輸入木材の影響で林業が圧迫を受けた結果、木を切ることをしなくなり、森林蓄積量が増すことになった。	問い：森林にはどのような働きがあるか ・森林には薪や木材となる働きがある。 ・森林には土砂災害を防ぐ働きがある。 ・森林には水源涵養の働きがある。 ・森林はいこいの場や動物の住みかとなっている。 ・森林は二酸化炭素に関する地球環境改善の働きがある。 ・荒れた森林に放置された間伐材が豪雨で流出（北九州豪雨：2017）した。 ・国民は「災害防止」「環境改善」「水源涵養」を森林に期待している。
方法	◇森林と国土保全や国民生活を関連付けて考え、調べたことや考えたことを表現する。 ◇森林資源が果たす役割を考え表現する…我が国の国土における森林の分布と国民生活の 資源の果たす役割や森林資源を保護していくこ 地図などにまとめたことを基に説明したり、根	

たとえば、歴史学習であれば「時間的な視点」が中心になると思いますが、あえて「空間的な視点」をもちこむことで、「全国的に文化が広まっている」という視点にも着目できるようになります。このように考えれば、一面的ではない多面的な視点で教材研究を行う下地ができあがります。

(2) 教科書分析

ときおり、「教材研究の際に教科書を使わない」と公言する先生に出会うことがあります。学習内容によっては、それもあり得るのかなとも思うのですが、私は必ず使うようにしています。

なぜなら、教科書は、学習指導要領に準拠し、子どもが身につけるべき資質・能力が明確に意識されているからです。つまり、単元で学習すべきことはすべて書かれているわけですから、使わない手はありません。

それともう1つ、指摘しておきたいことがあります。

授業に熱心な教師であるほど、授業を通して「自分の思いを伝えたい」という願望が強くなります。それ自体はすばらしいことですが、教材研究の際に教科書から離れてしまうと、自分が伝えたいことを優先してしまう怖れがあるということです。

単元を通して身につけるべきことが落ちてしまえば、独りよがりの授業になってしまい、子どもにとってその授業がどれほど楽しいものであっても、学校教育で保障すべき資質・能力ははぐくまれません。それでは、本末転倒と言うべきでしょう。

そのための教科書分析です。教科書の活用には、教師の自己満足を回避する効用があるということです。

小学校社会科を例にすると、教科書は、およそ次の要素で構成されています。

【本文】 学習として取り上げる事象が説明されている。場合によっては、学習活動が示されており、子どもの発言例が示されている。

【写真や図表】 本文の内容を補う役割、子どもたちの問題意識を高める役割を担う。

【トピック】 本時の学習内容を間接的に補足し、社会的事象に対する興味・関心を高める役割を担う。

こうした要素ごとにじっくりと読み込み、**資料1**のような表と突き合せながら教育内容と指導意図を整理します。

資料２　教材研究資料一覧

・図書館	・日本の農林水産業　林業（宮林茂幸著　すずき出版） ・日本の森林と林業（大日本山林会）
・書店	・森林飽和（太田猛彦著　NHK 出版） ・日本の森林を考える（田中惣次著　明治書院） ・本当はすごい森の話（田中惣次著　少年写真新聞社）
・インターネット（ニュース検索）	・森林環境税 ・育樹祭　・植樹祭
・行政発行文書（白書など）	・森林・林業白書（林野庁）
・現地で取材	・NPO 法人　・林業家

(3)　情報の収集

次に、単元にかかわる情報収集を行います。「森林とわたしたちの生活」における教材研究の際には、**資料2**のように情報収集を行いました。

関連書籍を探す際には、どのような立場の人が書いているのかを確認します。学校教育で扱う以上、公平さ・公正さが担保されなければならないからです。

まして、社会科は、現実社会を取り上げる教科ですから、なおさら注意が必要です。偏った主張を鵜呑みにすることのないよう、対立する主張にも目を向ける必要があります。これは、取材活動においても同様です。

(4)　情報の整理と教材分析

熱心に情報を収集していると、その量は膨大になります。集めた情報は分類・整理する必要があるので、(1)で紹介した表づくりが役に立つと思います。

たとえば、林業家による森林の手入れであれば、「森林資源の保護」の「相互関係的な視点」に「林業家は○○という取組をしている」などと箇条書きで書いておきます。「見方・考え方」については、「時間的視点」「空間的視点」「相互関係的な視点」のすべてを盛り込む必要はありません。軸とすべき視点を1つ定めておき、子どもたちの目線を変えたいとき用に、別の視点を設定しておきます。

たとえば、「空間的な視点」に着目させて「手入れの行き届かない森林が全国に広がっている」ことを調べた情報を、別の視点で子どもに考えさせるために、「時間的視点」をもち込むことにしたとします。

すると、「戦前までは、森林が少ないことが多かったが、現在に至るまでに森林量は増加している」「戦前の森林課題は過剰伐採だったが、現在の課題は手入れ不足による森林量の増加である」という現実に気づかせやすくなります。

いずれにしても、大切なことは、学習指導要領に定める内容を、どのような視点で学習に落とし込むのかを想定しつつ、他方で一面的ではない多様な解釈を引き出せる手立てを用意しておくということです。

(5) 概念を探る

ここまでくると、単元で取り上げる社会的事象の様相がおよそつかめます。すなわち、この段階で教材内容の把握はOKということです。

ここからは、学習の「本質」に迫る概念を探る作業になります。「教材を通して子どもに何を身につけさせるか」を明らかにするのです。

私は、次頁の**資料3**の表づくりを通して行っています。

まず、「教材分析表」で分類・整理した内容を並べ、その事実を論理（抽象化した内容）に置き換えます。「日本の国土全体に占める人工林の割合は約28％であり、その多くが荒れている」という内容であれば、「日本の国土の約3分の1は人がつくり出したものであり、危機を招いているのも人が関係している」という置き換えです。

そしてさらに、この論理を「経済的な社会の変化によって人々の行動は規定され、国土をも変化させる」（論理2〈上位概念〉）に置き換えます。

この作業をするにあたっては、教育学とは異なる分野の関連書籍が役立ちます。経済学、法学、歴史学、地理学、社会学などの知見が大いに役立つのです。

ここまでの作業を終えると、自分が研究している教材の「本質」があらかた見えてきます。

次は、これまで私なりに見いだしてきた教材の本質です。

【米づくり】 産業は、生産者とそれを取り巻く社会システムによって成り立っており、「生産者」「生産者を取り巻く社会システム」「価格設定」「消費者ニーズ」という視点は変わらないが、それぞれの内部構造には変化が生じる。

【日本国憲法】 わたしたちの生活や日本の政治は日本国憲法の考え方に基づいて行われており、すべての国民が主体的かつ安心に生活できることを日本国憲法は目指している。

【森林】 経済的な変化は、産業従事者の行動を規定し、ときによっては危機を招いてしまうが、国民全体が様々な立場と視点でかかわることによって、持続可能な国土（社会）をつくり出すことにつながる。

(6) 問いの構成

ここまできたら、あとは、教材研究を通して自分自身が見いだした「本質」にたどりつかせるために、子どもたちにどのような「問い」を用意するのが適切かを考えます。発問は複数用意しておきます。

たとえば、「森林の維持・管理がむずかしい現状があるなかで、林業従事者ではない国民（市民）が行動するようになっている」という概念に対しては、次の問いを用意しました。

工夫や努力を続けていることによって保全が目指されている。
L：経済的な変化は産業従事者の行動を規定し時によっては危機を招いてしまうが、国民全体が様々な立場と視点で関わることによって、持続可能な国土（社会）を作り出すことにつながる。

論理２（L'）	論理に気付くための問いの例
L1'：資源の過剰利用は再生が難しい現状を生み出す（が、森林は再生可能資源である）。	〈L1に気づくための問いの例〉 ・森林はなぜ減少してしまったのですか。 ・森林の減少には、どのようなことが関係していますか。
L2'：「儲かる」などの経済的な社会の動きは、広い範囲で産業従事者の行動を規定する。	〈L2に気づくための問いの例〉 ・森林がこんなにも増えたのはなぜですか。 ・林業に携わる人々は、どのようなことを考えて植林を進めていたのですか。
L3'：経済的な社会の変化は産業構造を変化させ、国土へも影響を与える。	〈L3に気づくための問いの例〉 ・林業をやめていった人々は、どのようなことを考えてやめたのですか。 ・なぜ林業の人々は仕事をやめてしまったのですか。 ・林業の人々が仕事をやめると森林が増えるのはなぜですか。
L4'：経済的な社会の変化によって人々の行動は規定され、国土をも変化させる。	〈L4に気づくための問いの例〉 ・森林が減少したり増加したりすることと、人々はどう関係がありますか。
L5'：経済的な仕組みが成り立つことによって、生業が成立する。	〈L5に気づくための問いの例〉 ・林業とはどのような仕事ですか。 ・昔は林業という仕事が続けることができていたのは、なぜですか。
L6'：ミクロに見ると生業であるが、広い視野から見ると生業以上の意味がある。	〈L6に気づくための問いの例〉 ・なぜ林業という仕事をする個人に、補助金が支払われているのですか。 ・補助金をもらいながらも、厳しい林業を続けている人がいるのはなぜだと思いますか。
L7'：国民全体というマクロの視点で見ると、事象には多様な価値がある。	〈L7に気づくための問いの例〉 ・森林に対して国民はどのような期待をしていますか。 ・なぜ国民(大人)は森林を重要なものだと考えているのだと思いますか。
L8'：手を加えないことが最良ではなく、持続可能な視点で進めることが人々の生活を維持することにつながる。	〈L8に気づくための問いの例〉 ・森林の維持・管理がされないと、どのような悪影響が生まれますか。 ・村の人だけではなく、わたしたちにとってはどのような悪影響がありそうですか。
L9'：政治的な視点から仕組みを整備することは、社会構造を変化させることにつながる。	〈L9に気づくための問いの例〉 ・国が進めた政策はどのような影響が生まれましたか。 ・国が進めている取り組みは、結果的に誰が関係しますか。
L10'：厳しい現状が発生すると、シンパシーを感じて行動する人が生まれその輪が広がっていく。	〈L10に気づくための問いの例〉 ・なぜNPOや森林ボランティアの人たちは活動を始めたのですか。 ・個人が活動することは、世の中にどのような影響を与えると思いますか。
L11'：経済的な視点から現状を打開するためには、消費者としての立場が必要である。	〈L11に気づくための問いの例〉 ・なぜ企業は「木づかい運動」を進めているのですか。 ・わたしたち消費者には、どのようなことが期待されていますか。
L12'：国民的気運が高まることは、社会の仕組みに影響を及ぼす。	〈L12に気づくための問いの例〉 ・なぜ大きな反対がなく森林環境税が取り入れられてようとしているのですか。 ・国民は森林に対してどのようなことを考えていますか。
L13'：経済的な視点から現状を打開するためには、消費の仕組みを整えることが必要である。	〈L13に気づくための問いの例〉 ・なぜ自治体は木を使う取組を進めているのですか。 ・自治体が木を使うことは、どのようなよさがありますか。

資料3 「問い」の構成（森林）

問いの構成　社会「森林とわたしたちのくらし」 C：事象　L：論理　E：結論

問：国土にとって重要な役割のある森林を保全するために誰がどのような取組をしているのだろう。

E：森林は、その育成や保護に従事している人々が「人材の確保」「整備や育成」「啓発」「経済的な下支え」などを図るように

	事象（C）	論理（L）
1	C1：日本の森林は江戸時代から終戦直後まで、過剰利用によってはげ山だらけであった。	L1：森林は、燃料や木材として生活に重要な働きがあったが過剰利用をすると減少してしまう。
2	C2：日本の森林は終戦後、林業の人々が経済的な視点（儲かる）で植林を進めた。	L2：林業に携わる人々は、木を生産することで大きな利益を得られており将来に渡って利益を生み出せるという見通しをもったことで植林を進めた。（国民は気にせず森林維持ができた）
3	C3：日本の森林は「燃料革命」「輸入材の増加」などによって林業従事者が減少し、森林の手入れが減ったことで森林蓄積量を増加させた。	L3：国産木材が利用されないことによって、産業（林業）従事者は減少し、資源を使用しないことが続いて結果的に森林は増加した。
4	C4：日本の国土全体に占める人工林の割合は約28%であり、その多くが荒れている。	L4：日本の国土の約1/3は人が作り出したものであり、危機を招いているのも人が関係している。
5	C5：林業の人々は山を手入れし木材を生産することで生計を立てており、生業としている。	L5：林業の人々は木材生産が成り立つことによって仕事を続けられており、生業となっていた。
6	C6：林業に対しては多くの補助金が導入されており、補助金がないと成り立たない現状である。	L6：経済的な仕組みが成り立たなくなったことで、生業としての林業ができなくなっており、国土の保全のために必要な仕事として補助金が導入されている。
7	C7:森林には「水源涵養」「保安」「木材提供」「環境維持」「生物多様性」など多くの機能があり、国民は森林に対してこれらの機能を期待している。	L7：森林には林業従事者にとっての産業の場以上の価値があり、国民にもその認識がある。
8	C8：森林の手入れがされないことによって、間伐材の流出や土砂災害、山が地域にせまり獣害が出るなどの問題が発生している。	L8：森林の維持・管理がされないことによって、人々の生活を脅かす事態が発生している。
9	C9：国は1950年代には「緑の募金」、2003年には「緑の雇用」（T社の誕生）を始め現在まで続いている。	L9：国は森林維持の重要性を意識して、持続可能な森林となるよう政治的な視点から取り組みを進めている。（緑の雇用によって従事者はやや増加）
10	C10：1980年代から森林ボランティアやNPOが増え始め、森林への危機感をもちながら維持・管理・啓発などを進めている。	L10：林業従事者だけでは森林の維持・管理が難しくなっている現状のなか、国民（市民）が行動するようになっている。
11	C11：企業が林野庁と連携し「木づかい運動」を進め、国民の国産材利用への啓発を進めている。	L11：経済的な視点から現状を打開するために、制度をつくる国と林業と国民をつなぐ企業がそれぞれの立場で関与し、国民全体の参加を促している。
	C12：国民の森林機能への意識が高まっていた背景があり、森林環境税については大きな反対もなく導入された。	L12：「公共の福祉」という視点や森林の危機、森林に対する国民の期待が広がっているため、負担が受け入れられるようになっている。
	C13：木質バイオマスを取り入れた発電を行う自治体が全国に広がっている。	L13：経済的な視点から現状を打開するために、多くの消費を行うことができる自治体も取り組みを進めている。

【問い①】なぜ、NPOや森林ボランティアの人たちは活動をはじめたのだと思いますか？
【問い②】個人が活動することは、世の中にどのような影響を与えると思いますか？

複数の「問い」は、授業展開の状況に応じて中心発問として使ったり、補助発問として使ったりするなど、柔軟に設定しておきます。

教材研究を授業にどう生かすか

教材研究はどのような場面で生きてくるでしょうか。私は、次の5つを挙げたいと思います。

①指導計画に表記される「各時間のねらい」
②本時の問い
③本時のまとめ（理解すべき内容）
④話し合い中の子どもの発言の位置づけの判断

⑤補助発問（考えを深めるための切り返し発問）

①については、各時間のゴール（本時の目標）が明確になります。

「〜について話し合う」「〜について調べる」を目標にしている本時案を見かけることがありますが、これらはいずれも学習活動です。学習活動をゴールにしてしまうと授業が作業になってしまい、子どもに理解させたいことが抜け落ちます。

社会科であれば、「Aについて調べ、話し合うことを通して、Bを理解することができる」が基本形です。ですので、教材研究を行うことで、Bが明らかになるということです。

②については、各時間の中心となる問いが明確になります。

各時間の中心発問を明確にできれば、子どもたちに提示する資料の扱い方が定まります。と同時に、③も明確になります。

④については、子どもの発言をどのように扱えばよいかが明確になります。教師が子どもの発言を的確に扱えれば、学習の活性化を期待できるようになります。

〝Aさんの発言は、次の段階の学習に関連づけられそうだ。少し深堀りしてみるか〟

〝Bくんの発言は、今後の布石になる考えだ。ここでみんなに着目させてみよう〟

といったように、子どもたちの発言から活性化のチャンスを見逃さず、次の手を打てるようになるということです。また、子どもの発言への判断力が高まると、板書もよりわかりやすく構造化できるようになります。

⑤については、抽象度の高い本質的な概念の存在に着目させられるようになります。以前、こんな授業を行ったことがあります（第6学年「わたしたちの暮らしを支える政治」）。

本時の問いは「医療制度に区議会議員が必ずかかわっているのはなぜだろうか」で、資料をもとにしながら情報を集めて話し合いを進める授業でした。

「区議会議員が必ずかかわっているのは、区民の意見を区の取組に生かすためだと思います。なぜなら、区議会議員は区民による選挙で選ばれているからです」

「Aさんと似ていて、区民が納得できる案にするためだと思います。なぜなら、区議会議員は区民代表として議会に参加することが役割になっているからです」

「Bくんとは違って、区議会議員が必ずかかわるのは、区議会が取組の決定権をもっているからだと思います。区民の代表が集まって、区の取組を決定するルールがあるからです」

いずれもよく調べ、十分考えたうえでの発言です。この段階で、「では、まとめを書きましょう」と促したとしても、子どもたちは区議会議員がかかわっている理由（本時の問いに対するまとめ）を書くことができたでしょう（資料4）。

資料4　政治（区議会議員）の板書

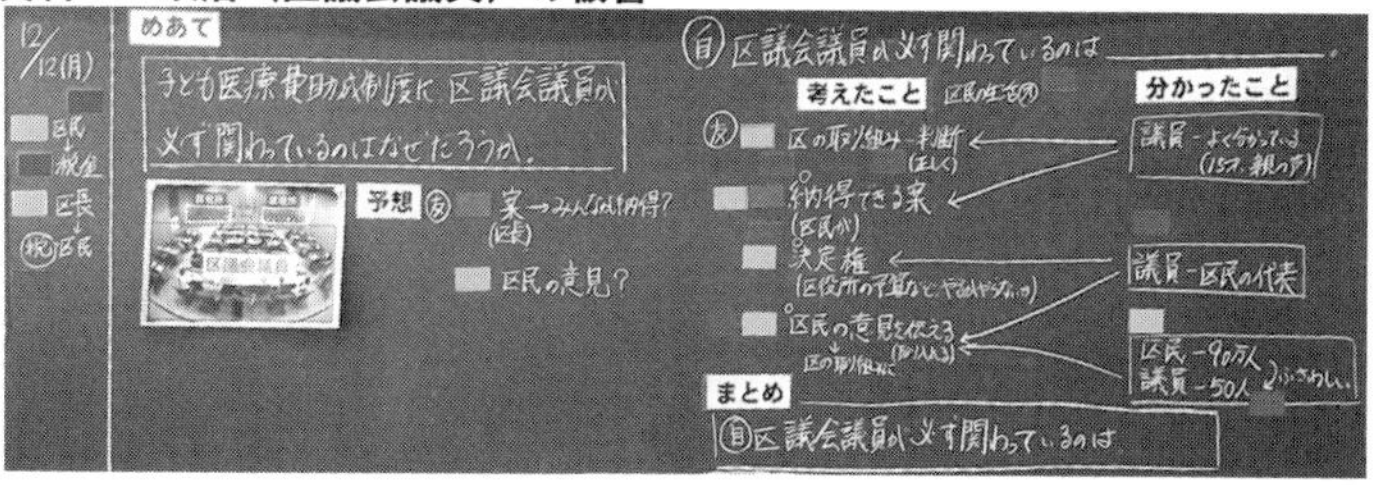

ただ、私は、もう少し踏み込んでみたいと思いました。

地方公共団体では、議員だけでなく首長も選挙で選ばれています。いったん立ち止まって、この点に疑問を感じられると、より深く政治の仕組みをとらえられるのではないかと考えたのです。

そこで、私は補助発問（切り返し発問）を行いました。

「区長も選挙で選ばれたのだから、区民の代表だよね。それだったら、区議会議員までかかわらなくてもいいのではないかな」

子どもたちは一瞬唖然としますが、何人かの子どもが挙手をしました。それに対して、一部の反応のよい子どもだけの対話にしたくなかった私は、「まず、近所の人と相談しましょう」と指示し、できるだけ多くの子どもたちが発言できるようにしました。

子どもたちからは、こんな反論です。

「区長は確かに代表として選ばれているけれど、区長だけだと、本当にみんなのための案になっているか判断しきれないと思う。だから、区議会議員は必要だと思います」

「Cさんにつけ足しで、区長だけで進めるのではなく、区議会議員がチェックする仕組みにすると、間違いが減ると思うんです。だから、区議会議員も必ずかかわっているのだと思います」

もう1つ紹介したいと思います。6年生の歴史学習の場面です。

本時の問いは「織田信長は武力で天下を治めるために、どのような取組をしたのだろう」でした。鉄砲を取り入れた戦い、楽市楽座などの経済政策、キリスト教の保護といった取組について、教科書や資料集を参考にしながら調べ、考えをまとめます。

もちろん、事実を集めることは大切なのですが、調べたことを列記するだけのまとめでは、織田信長という歴史人物に対する理解には届きません。

そこで、私は次の補助発問（切り返し発問）を行いました。

「キリスト教を保護することと、武力で天下を治めることはどうつながると思いますか？」

すると、子どもたちはもう一度教科書や資料集を読み直しはじめました。最終的に、抽象度の高い次の概念にたどりつきました。

「キリスト教の保護を通して貿易を活性化させることで、財力をつけることができて、武力を上げることができたと思う」

＊

教材研究は、授業づくりの土台です。教師が教材をどのようにとらえるか次第で、学習の方向性と学びの質が変わるからです。もし、表面的な事実をさらうだけの教材研究であれば、子どもたちの学習も事実を羅列するだけの作業になってしまうでしょう。このことは、教科等を問わないと思います。

教材研究は、教師の調べ学習です。ゴールは、教材に対する自分なりの答え（教材の本質）を見つけ出すこと。教師にとって学びがいのある教材研究であれば、「深く考えることの楽しさ」「学んだことに対する充実感」を、きっと子どもたちに味わわせることができることでしょう。

教師自身の発問と指示を鍛える

私は教員1年目から「ベタ打ち指導案」を作成するようにしています。

もともとは、子どもに教えるべきことを忘れないようにするためのメモ書き程度でしたが、いつしか発問や指示を明確にするための取組に変化しました（次頁の資料5は、社会と算数のベタ打ち指導案の例）。この指導案作成を通して、「発問シミュレーション」「指示シミュレーション」を行っています。

資料5―2　私のベタ打ち指導案（算数）

★算数「分数のたし算とひき算」
⑤異分母分数の加法の計算の仕方を考える。

問：1/3L と 1/2L のジュースが入っています。全部で何Lですか？
　※これまでの計算とは分母が違うことを確認する。
T：今日のめあてはどうしますか？

め：分母が違う分数同士を足すには、どうすればよいだろうか。

・予想

自：分母が違う分数同士を足すには（　　　　　　　　　　）
※個に応じた指導：(そのまま足しちゃうと、答えがおかしくなるよね。どうする？)
→グループ

発表
※深めるタイム

ま：分母が違う分数同士を足すには（　　　　　　　　　　）

作成手順は、次のとおりです。

- ●本時のねらいを記入する。
- ●「導入」時の学習活動を書く（Tは指示や発問、※は指導上の留意点）。
- ●本時の問い（めあて）を書く。
- ●「展開」時の学習活動を書く（ここに、「個に応じた指導」や「考えを深めるための発問」〈補助発問〉も書く）。
- ●「まとめ」のときの学習活動を書く。
- ●その他、備考を書く。

このベタ打ち指導案で重視していることは「発問」と「指示」です。できるだけ言い直しをしないで済むように、教師の意図を正確に伝えられる表

資料5―1　私のベタ打ち指導案（社会）

社会「自動車をつくる工業」
④組立工場での取り組みを調べることを通して、安全性と品質を高めるためにミスなく効率よく生産するための工夫を行っていることを理解する。

※前時の振り返り
※学習計画の確認
T：今日のめあてはどうしますか？

め：自動車工場では、どのように生産しているのだろうか。

※写真を提示する。
→予想

※ビデオを提示する。
↓
※教科書に線・矢印・コメントを書かせる。

T：ビデオや資料からどのようなことを見つけましたか？
↓
自：自動車工場では（　　　　　　　　　　　　　　　　　　）
※ミニクラゲチャート
（個に応じた指導：自分で紙の自動車をつくったことと比べるとどのようなことをしていましたか）
→話し合い
（考えを深める発問：機械ですべてを行ったほうが速いと思うのに、人も行っているのはなぜですか）

T：今日のまとめに入れたほうがよいことは、どんなことだと思いましたか？

自：自動車工場では（　　　　　　　　　　　　　　　　　　）。

現を考えます。

（資料5とは異なる実践ですが）6年生の歴史学習の「幕末の町並みと明治の町並みの絵を比較する学習」であれば、比較することを通して、社会の変化について問題意識をもたせることがねらいです。

まずは、「2枚を比較すると、どのようなことに気がつきますか」「2枚の絵には、どのようなものがありますか」といった発問案を思いつきレベルで書いてみます。

その後、自分のなかで授業

場面をイメージしながら適切な発問となっているかを検証します。

このときには、次の発問に落ち着きました。

「2枚の絵を見ると、何がどのように変わっていますか?」

2枚の絵を比べる必要性を感じさせるだけでなく、着目すべき点を明確にしたいというのが私の発問意図でした。

別に、「ベタ打ち指導案」でなくても、教科書にメモしたり、付箋を貼ったりするなど、いろいろなやり方があっていいと思います。ただ、発問と指示については、自分なりにシミュレーションを行ってみる、実際に文章を起こしてみることが必要だと思います。

自分で書きだした発問を目で見て、声に出してみる。すると、より適切な言い回しが見つかるものです。主述がねじれてしまった発問や指示は子どもたちを混乱させるし、子どもにも意味がちゃんと伝わるように使わないと、イメージがずれてしまいます。

ちなみに、ベタ打ち指導案は、授業を行う前の週末にまとめてつくるようにしています。5日分をまとめてつくると、学習の連続性が見えてきます。さらに、その週に学習したことを次の週にどう生かせばよいかを見渡すこともできるようになります。こうしたことは、私の専門教科である社会科に限らないと思います。

たいへんそうに見えるかもしれません。しかし実際にやってみると、効率的な授業準備となります。時間的にも気持ち的にも余裕が生まれ、研究会に出向いて勉強する時間、読書をする時間も確保することができます。

ベタ打ち指導案には、ほかにもメリットがあります。それは「教師の授業ポートフォリオにもなる」ということです。データとして残しておくだけでなく、実際に授業を行ったあとで振り返ったことも記入しておけば、仕事を続けるうえでの財産になると思います。

いずれにしても、記録することは、本当に大事だと思います。

人は、現在の自分の都合に合わせて記憶をつくりかえます。それ自体は大切な脳の機能でもあるわけですが、本当は思うようにいかなかったのに、(時間が経つにつれて)「あの授業だってそう悪いわけではなかったよな」などと思ってしまえば、教師としての成長を自ら止めてしまうかもしれません。

*

ここまで本書を読み進めていただいた方はお気づきだと思いますが、私は高学年を担任することが多く、現在も隔年で同じ学年をもっています。そうした点からも、ベタ打ち指導案は私にとって有効活用しやすい面もあります。

ただ、どの学年を受けもつとしても、どんな学校に赴任したとしても、自分の実践記録をつくっておくことは、とても大切だと思います。

「巨人の肩の上に立つ」という言葉があります。

先人たちの偉業にのっかることで、いままで思いもしなかった遠くの景色が見えるようになるという意味ですが、過去の自分の実践だって捨てたものではありません。忘れかけていた大事なことを思い出させてくれることもあるし、「またがんばってみよう」という気持ちだって呼び覚ましてくれるはずです。

ときには、あまりの拙《つたな》さで、恥ずかしさのあまり頭を抱えて床を転げ回ってしまうこともあるかもしれません。自分の黒歴史を紐解いたような気持ちになることもあるでしょう。でも、それだっていいじゃないですか。自分の過去の実践を拙いと感じるということは、それだけあなたが成長した証なのですから。

クローズドエンド・オープンエンド

次章では、実際の授業展開を紹介していきたいと思いますが、その前に触れておきたいことがあります。それは、「クローズドエンド」と「オープンエンド」という2つの授業スタイルです。

「クローズドエンド」とは、終末に本時の問いに対するまとめ（問いに対する結論）を行う収束型のスタイルです。授業の基本形ですから、ほとんどの授業はこのスタイルで行われます。これに対して、「オープンエンド」とは、終末に一人一人が自分なりの考えをもつスタイルです。

この双方に優劣はなく、単元や子どもたちの学習状況に応じて適したスタイルを教師が選択することになります。

では、まずクローズドエンドから。

1　クローズドエンド（理解を中心に置く学習スタイル）

クローズドエンドでは、学習の軸が「理解」に置かれます。すなわち、どの子も教師の用意した答えにたどりつかせることを目指す授業スタイルです。

授業の手順は、次のとおりです。

①前時の振り返りを行う。
②学習計画を確認する。
③導入資料を提示する。

資料6　全国統一／キリスト教の板書

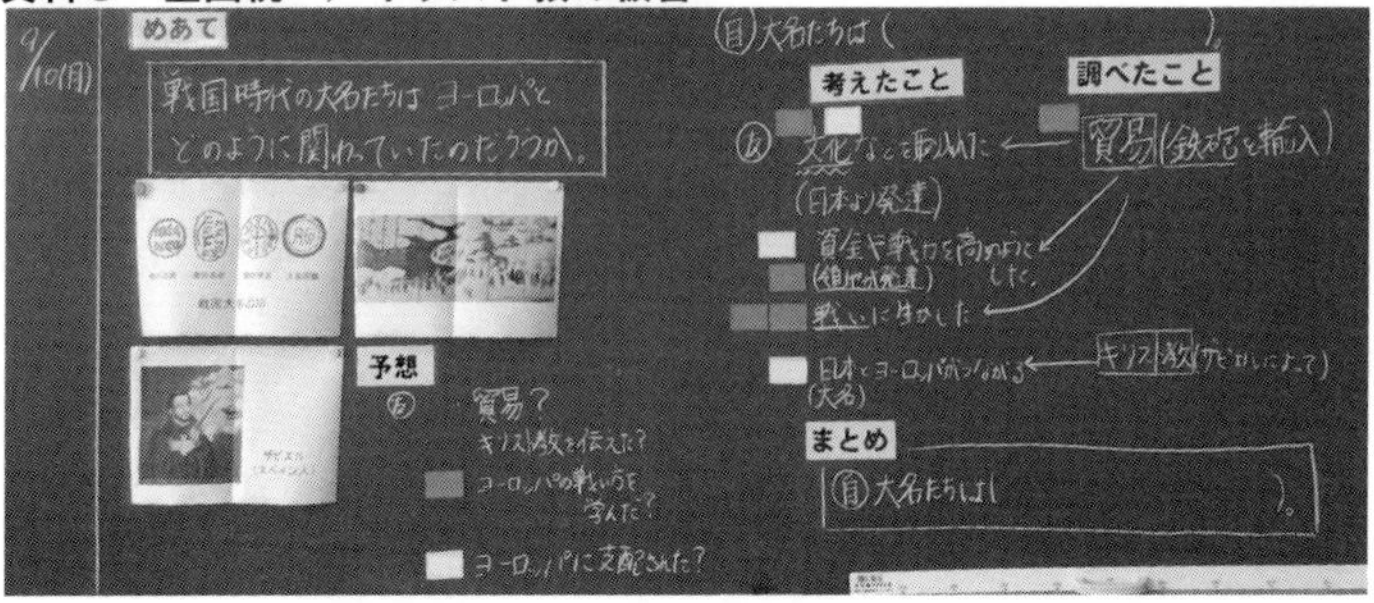

④本時の問いを設定し、予想させる。

⑤資料をもとに調べ、自分なりの考えを述べさせる。

⑥必要に応じて、補助発問（切り返し発問）を行い、それに対する考えを述べさせる。

⑦まとめを書かせる。

このうち、「自分の解釈」を表現させるのは⑤～⑦で、この場面では「書き出し」を与えるようにしています。その目的は、次の2つです。

- 全員が考えを表現できるようにする。
- 思考の方向づけをすることによって、話し合いのなかで互いの考えが噛み合うようにする。

板書にまとめると、たとえば**資料6**のとおりです。

クローズドエンドでは、教師が用意した理解に迫ることを目指しますが、表現の仕方や思考の過程は、子どもそれぞれです。そこで、対話においては、あらかじめ子どもの表現の許容範囲を設定しておき、その範囲に収まるように教師が裏で導くことが大切です。

2 オープンエンド（自分なりの考えをより深めるスタイル）

オープンエンドの効用には、次の3つがあります。

- 授業のマンネリ化を回避する。
- 予定調和になりがちな子どもの思考に変化を与える。
- アウトプット中心の授業にする。

教師が用意した答えではなく、自分の主張がそのまま答えになる授業は、自由闊達な意見交換を期待できます。また、他者に自分の考えを伝える充実感や必要感を得ることもできます。

このスタイルの授業を行うにあたっては、次の3つを重視します。

①議論のスタートを切れる問いを設定する。
②議論を乗り越え、核となる概念に目を向ける問いを設定する。
③既習を生かして、これら2つの問いについて考えられるようにする。

①とは、対立の考えが生まれ、そのどちらにも正当性のある考えが導き出される問いです。

②とは、議論を通して見えてきた論点に着目して、俯瞰したり視点を変えて考えたりする問いです。

③とは、①と②であげた2つの問いに対して、これまでに学習してきたことを踏まえながらも、解釈し直して考えるということです。

ここでは、オープンエンドで行った社会科授業を3つ紹介します。

(1) 「日本国憲法とわたしたちのくらし」(第6学年)

この授業では、次の問いについて議論しました(資料7)。

[問い] 国民投票の必要性について「どちらとも言えない」「わからない」と言っている人たちは、

資料7　国民投票の板書

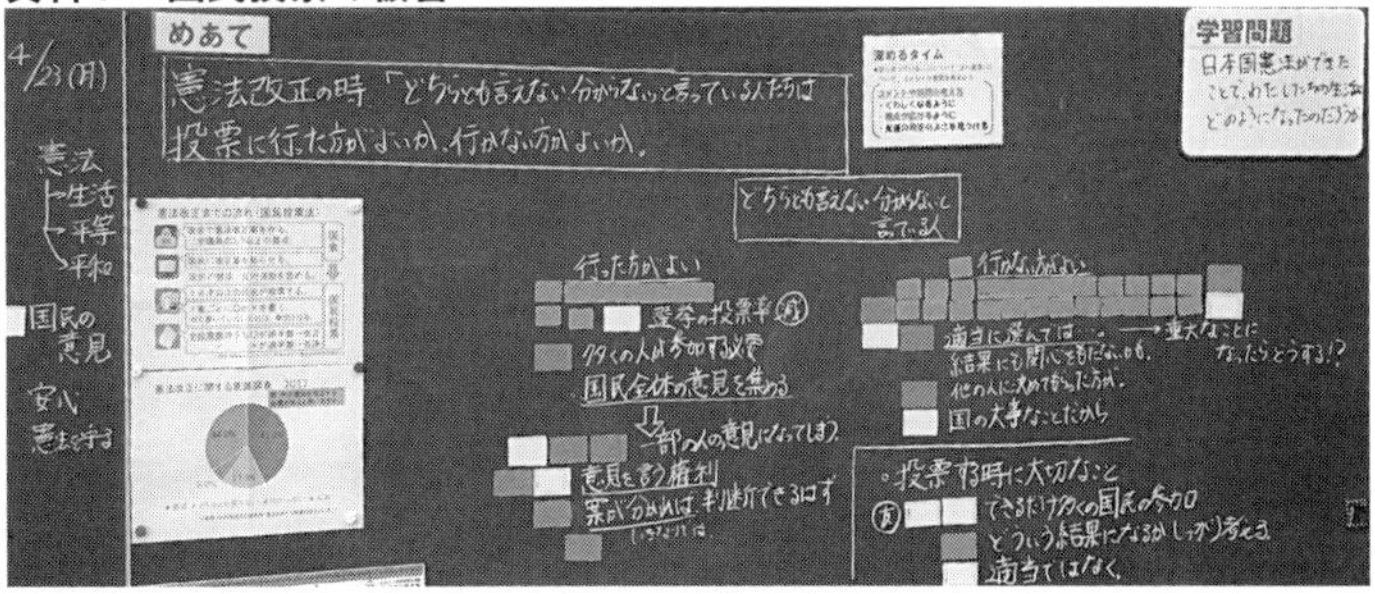

憲法改正の投票に行くべきか、それとも行かないべきか。

子どもの発言は、次のとおりです。

「投票に行くべきだと思います。これまでの学習で、日本国憲法には国民主権が示されていて、国民が政治を進めるようになっていると勉強しました。だから、投票に行かないのは、国民としての役割を果たせなくなると思います」

「投票には行かないべきだと思います。これまでの学習で、日本国憲法があるから、現在の日本となっているので、『どちらとも言えない』『わからない』という人が、日本のこれからにかかわることに投票してしまうのは、国民主権として、無責任になると思います」

これらの主張は、両者ともこれまでの学習をもとになされたもので、どちらにも正当性があります。子どもたちの意見が拮抗した段階で、私は次のように補助発問を行いました。

「みんなの意見を聞いていると、両方とも『国民として』ということが話し合いの中心になっているよね。ここまでの話し合いをもとにすると、国民はどのように政治とかかわる必要があるのだと思いますか？」

　すると、子どもたちは「行くべきか」「行かないべきか」に対する双方の主張の対立点を越えて、次の考えを発表してくれました。

「国民は政治に関心をもち、自分の考えをもっていることが必要だと思いました。政治をよくするために、自分の考えを伝えていくことが、国民としての役割だと思ったからです」

「国民は自分の投票に対して責任をもつことが必要だと思いました。自分の一票にどのような力があるのかをよく考えて、責任をもって投票することが大切だと考えたからです」

　授業の最後に「日本国憲法とつなげて、国民として大切なこと」を書くように促すと、みんなで議論したことを踏まえながらも、子どもたちは自分の主張を書いてくれました。

(2)「わたしたちのくらしを支える政治」（第6学年）

　この授業では、次の問いについて議論しました（資料8）。

資料８　医療費無料についての話し合い（政治）

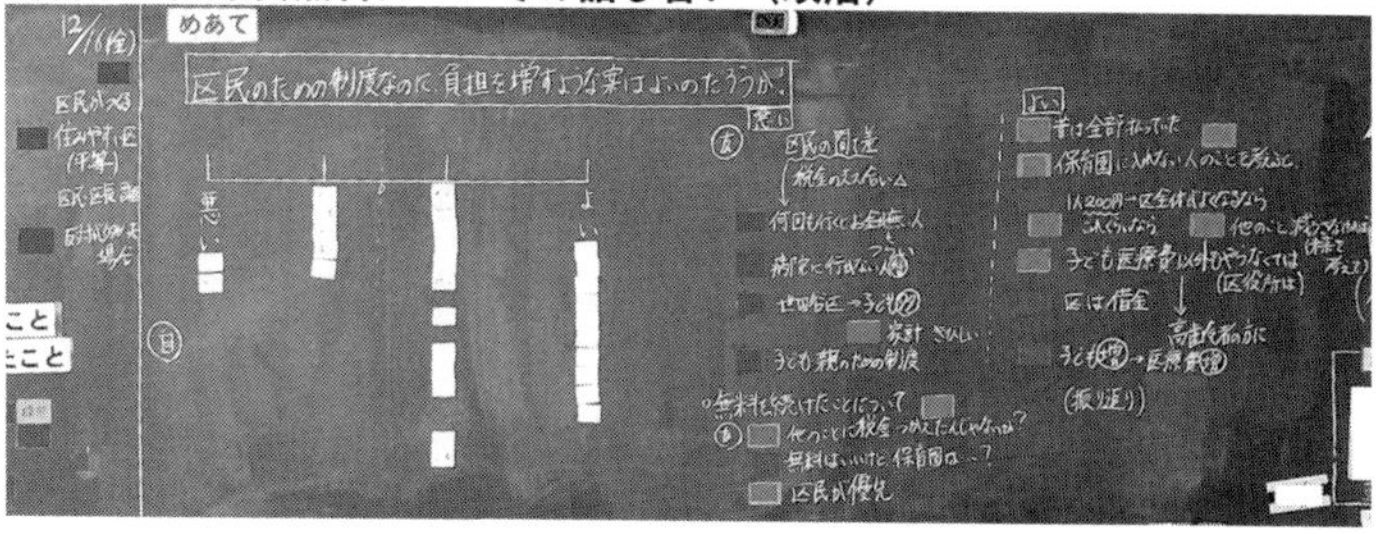

【問い】子ども医療費助成制度を有料化する案があるが、区民のための政治なのに、区民の負担になることはよいのだろうか。

子どもの発言は、次のとおりです。

「よくないと思います。子ども医療費助成制度があるから、すすんで診察に行くようになった人もいると思います。もしお金がかかるようになったら、子どもに無理をさせてしまうかもしれないです」

「私もAさんと似ていて、よくないと思います。理由が違うんですけど、お金に困っている家庭は、さらに生活費がかかることになってしまうからです」

「ぼくは、みんなとは違って、よいと思います。資料には、区の財政を圧迫しているとあって、学校の改修工事や保育園の設置などの費用に回せると思うからです」

「わたしもよいと思います。私の弟が保育園に入るとき、待機児童になってしまってたいへんでした。医療費が無料になることも大切だけれど、待機児童の問題を解決することも大切だと思います」

これに対して、私は次のように補助発問を行いました。

「実をいうと、最終的に子ども医療費助成制度は無料のまま継続することになりました。無料をやめる案を出したのに、無料を続けることに決定したわけですが、政治はどのようなことをもとにして行われていると言えそうですか？」

この授業において子どもたちに気づいてほしかったことは、次の2つでした。

●政治は、対象となる立場を考えながら行われていること。
●政治は、優先順位を考えながら行われていること。

互いに自分の考えを主張し、議論し合うなかで、多角的に政治をとらえられるようにすることをねらって、オープンエンドの授業にしたわけです。

(3)「長く続いた戦争と人々のくらし」（第6学年）

この授業では、次の問いについて議論しました（資料9）。

資料９　戦争単元の板書（再掲）

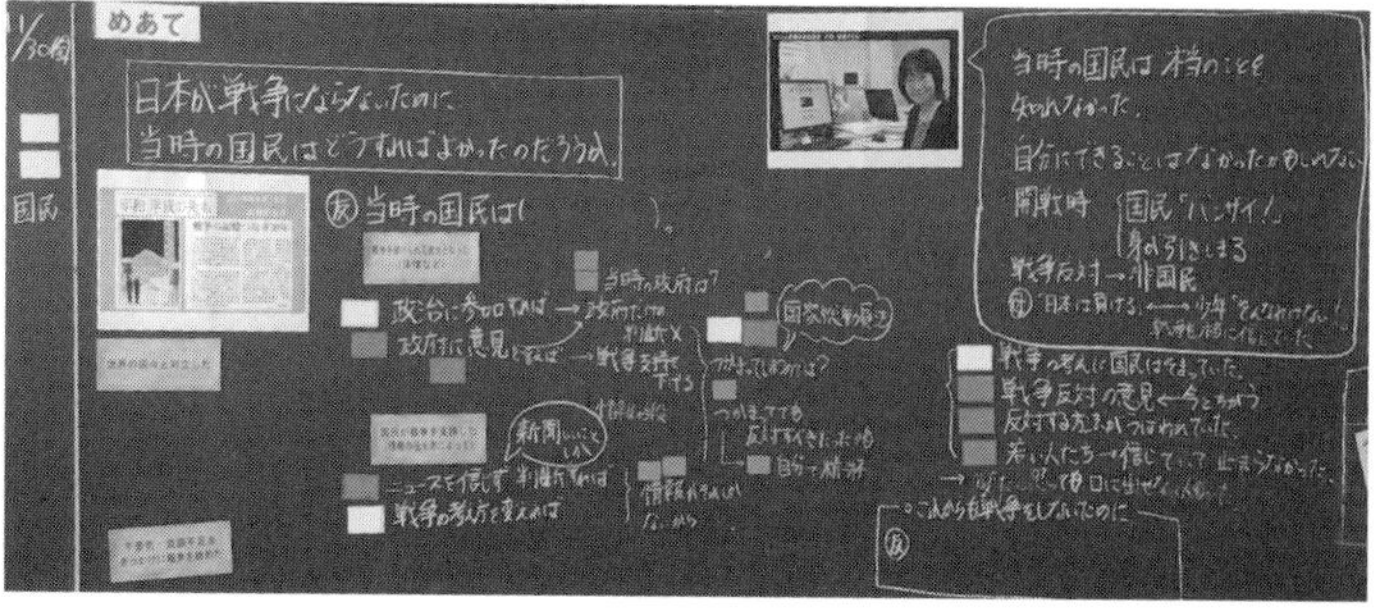

［問い］日本が戦争にならないようにするために、当時の国民はどうすればよかったのだろうか。

子どもたちは、「過去より現在のほうが優れている」と考えます。この発想は、「年を重ねるごとに成長してきた」自分自身の体感によるものだと思います。このような進歩的なとらえは、ポジティブな考えや姿勢を底支えしてくれる点で有用です。ただ、その一方で、次のような考え方をもってしまう危険性もあります。

「現在を生きる私たちのほうが優れている」

「だから、過去の人は愚かだ」

こうした考え方を放置してしまえば、視野が狭いままであるだけでなく、人間観、社会観が歪む怖れさえあります。

そこで、子どもたちには「当時の社会に生きる人々が抱えていた困難さ」を学ぶだけでなく、「そうした困難さは、社会の変化によって変わるものであり、困難さそのものがなくなるわけではない」ことに気づき、「そうであれば、現代に生きるわたしたちはどうすればよいか」について考えさせる授業にしたかったのです。

私は次のように補助発問を行い、自分の主張を書くように促しました。

「日本はこれまで70年以上戦争をせずにきました。これからも戦争をしないためには、どのようなことが大切だと考えますか？」

Cさんは、次のように書いてくれました。

「これから国民として平和を考え、二度とあやまちを起こさないように、積極的に政治に参加していきたいと強く思った。また、戦争がどうして起こったのか、心に残しておきたいと思う」

＊

対立軸のある学習、しかも、答えが決められていない学習にはワクワク感があります。それが子どもたちの意欲をかきたてます。「学んだことは、ほかの学習でも活用できるんだ」という実感も生まれます。

しかし、オープンエンドの授業は、毎時間できるものではありません。無理に多用しようとすれば、議論好きな一部の子どもしか充実感を得られない授業になってしまうでしょう。理解に時間がかかる子どもは置いてけぼりです。実際、私自身、日常的にはクローズドエンドの授業が中心です。

ここで、私が言いたいことは、クローズドエンドの授業においても、「自分の解釈を出し合う」「出し合った解釈をもとに自分の言葉で結論を表現する」ことを大切にするということです。

そうでないと、一問一答に代表されるように、教師の解釈を押しつける授業になってしまうでしょう。それでは、（たとえ教師が求める答えがまとめに書かれていても）その学習で必要な「理解」が抜け落ちます。

だからこそ、どんな授業スタイルであっても、子ども一人一人が自分なりの解釈をもてる授業にしていくことが大切なのだと私は思うのです。

第5章

授業をつくる

子どもの発想が教師の想定を超える

これまで社会科の研究授業を行ってきたなかで、心に残る授業がいくつかあります。いずれも、子どもが私の想定を超える発想をした授業でした。

1　第5学年「自然災害を防ぐ」(2016年2月実践)

洪水を防ぐために行った区役所の人の活動や思いを調べる学習です。提示した資料は「区役所の人の話」「区洪水ハザードマップ」で、区役所の人たちがハザードマップをつくった意図について話し合いました(資料1)。

横田「区役所の人たちは、なぜハザードマップをつくったのだと思いましたか?」

「自分たちの地域のどこに水害が起きるのかを知ってもらいたいからだと思います」

「つけ足しで、洪水になるかもしれない所を知らせることで、すぐに避難できるようにしているのだと思います」

これらの発言は、いずれも私がねらっていたものでした。そんなときです。Aさんがこんなことを言い出しました。

資料1　ハザードマップ話し合い

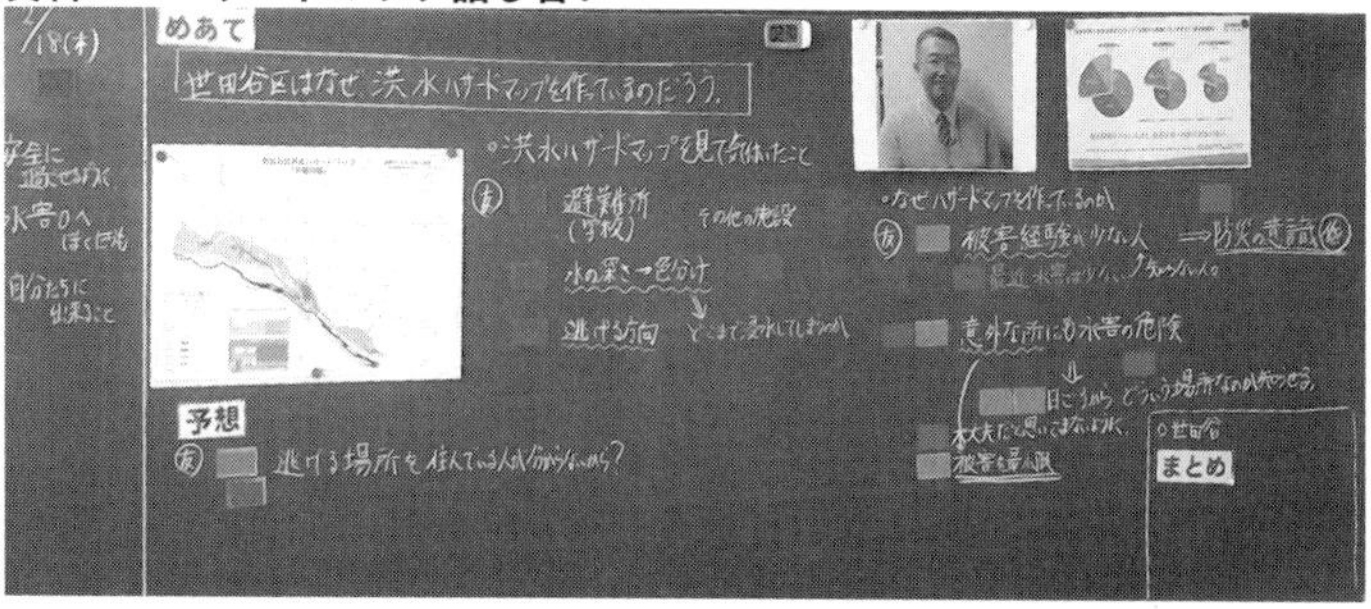

あの…前の学習なんですけど、多摩川の水害がもう何年も起きていないって、やったじゃないですか。グラフを見ると、ずっと起きていないって。たぶん、住民は水害のことを忘れてしまっているんだと思うんです。

だから、水害は起きていなくて安心な場所になってきているけれど、住民の水害への意識は下がってしまったんだと思うんです。

だから、区役所の人たちはハザードマップをつくって、区民が水害が起きる場所であることを忘れないようにしているんだと思います。

正直、この発言には驚かされました。本時だけではなく、これまでの学習を思い出しながら、ハザードマップ作成の意図に迫ろうとするような発言だったからです。

彼女は活発に発言する子ではありませんでしたが、思いつきで終わってしまうことが多く、深く考えることは得意ではありません。そんな子が、区民の意識にまで言及していたことに私は驚かされたのです。

その後、単元を通じて、他の子どもたちから彼女の発想が何度も引き合いに出されました。彼らにとっても、よほどインパクトがあったのでしょう。

2 第6学年「戦争と人々の暮らし」（2018年11月実践）

「日本が戦争にならないために、当時の国民はどうすればよかったのだろう」という問いを通して、平和な世の中をつくるにはどうすればよいかを考える学習です（第4章でも触れた実践です）。

授業の中盤、「当時の国民はどうすればよかったのか」について話し合っていました（資料2：第4章の資料8を再掲）。

「わたしは、当時の国民は、政治に参加すればよかったと思います。政府だけの判断で、あのような戦争が続いてしまったからです」

「ぼくも似ていて、政府に意見を言えばよかったと思います。そういうことをすれば、政府の戦争支持を下げることができたと思うからです」

「ぼくはみんなとは違って、当時の新聞はいいことしか伝えていなかったから、新聞を

資料２　戦争単元の板書

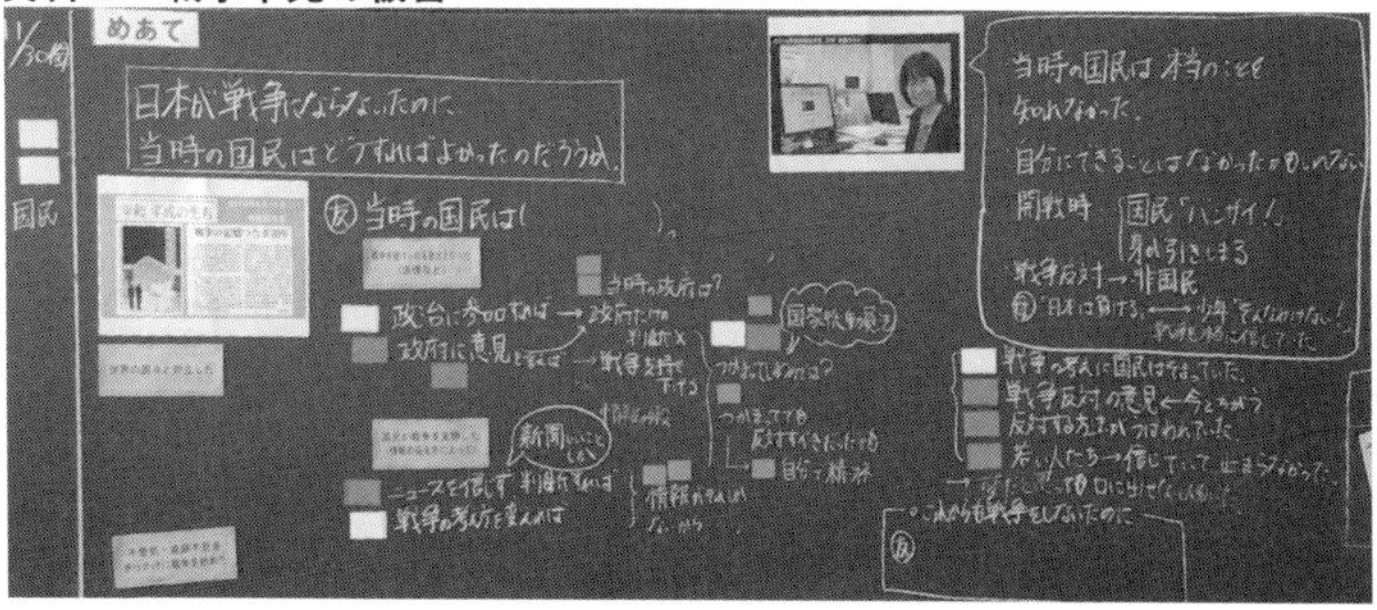

信じずに、正しく判断すればよかったと思います」

「私も似ていて、戦争が大切という考え方を変えればよかったと思います」

　すると、Bくんがこんなことを言い出します。みんなの考えに対する疑義でした。

　みんな、国民が意見を言えばよかったとか言っているんですけど、当時は国家総動員法があったから、そんなことをしたら、捕まってしまうと思うんだけど…。

　他の子どもたちは一様にハッとします。遠い昔に起きた自分の与《あずか》り知らない事象にもかかわらず、「自分だったらどうするか」という視点がもち込まれたからです。Bくんの発言を起点として、その後の子どもたちの発言が明らかに変わりました。

「確かに、当時の政府に意見を伝えるということができなかったから、無理だったかもしれない」

「でも、捕まってでも反対すべきだったんじゃない？」

「そうはいっても、当時は、自分たちの生活で精一杯だったはず。捕まってでも、みんなのために、とは思えなかったよ」

「情報を判断するということだって、当時は情報がそれしかなかったから、判断することなんてできなかった…」

まさに授業が生き生きと躍動した瞬間でした。

きっとBくんは、話し合いの最中、ずっとモヤモヤしていたんだと思います。そのモヤモヤを率直に出したら、みんなが応えてくれた。この応答によって彼らの視野がぐっと広がり、リアリティのある話し合いになったのだと思います。

3　第6学年「平和で豊かなくらしを目指して」（2019年1月実践）

これは、歴史学習最後の単元です。「戦後の日本が今の日本になるまでにどのようなことがあったのだろう」（学習問題）について話し合い、単元のまとめをする授業でした（資料3）。

「いまの日本になるまでに、産業の発展を優先させることがあったと思います」

資料３　戦後単元の板書

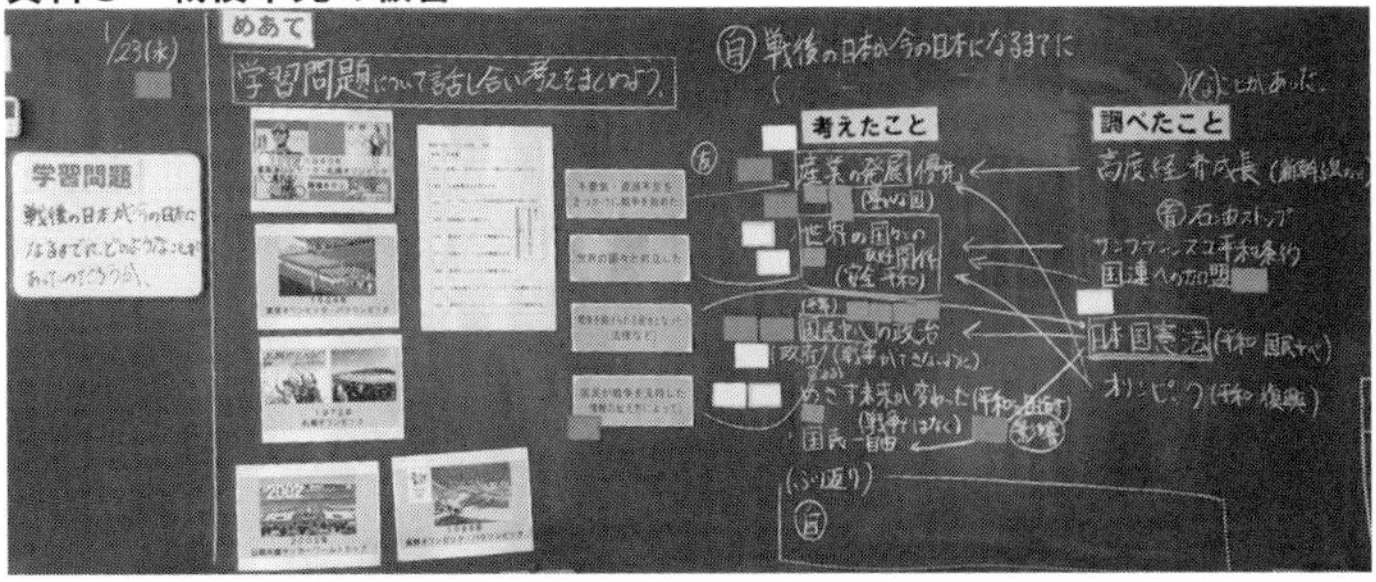

「わたしは、違う視点で、世界の国々との友好関係を築くようになったと思います」

「私は、国民中心の政治になるようなことがあったと思います。日本国憲法をつくって、戦争をしない国になろうとしたんだと思いました」

すると、Cさんがこんな発言をしました。

> みんなの発言を聞いて思ったんですけど、日本は目指す未来を変えたんだと思います。
> 昔は、戦争を一番大切にして、戦争で勝って豊かになることを目指していたけれど、いまは、戦争が一番大切ではなくなって、平和で国民が中心の国を目指すようになったんだと思いました。

Cさんは、勉強が得意ではありません。しかし、（授業に限らず）どのようなときも自分なりの主張をもっている子です。このときも、みんなに自分の考えを伝えようとしていました。表現力の豊かさもさることながら、この子らしさが光る発言でした。

*

ここまで、子どもから生まれた意外な（私の想定外の）発言によって、他の子どもたちの意識がスイッチし、対話が躍動する事例を3つ紹介してきました。

これらは、けっして偶然に生まれたものではありません。意外性のある発想や発言が生まれる状況を意図的につくることができた結果です。そのための布石を紹介します。

意外性のある発想が生まれる布石

1　子どもが学習の責任をもつ

「教師がしゃべりすぎ」

「子ども主体の授業にしなきゃだめだよ」

これは、研究協議会の場などでよく耳にする先輩方からの指摘です。

「子ども主体の授業をどうやってつくればよいか」は、授業をする者にとって永遠のテーマだと言っても差し支えない大きなテーマですが、意外と身近なところにヒントがあるように思います。たとえば、体育の授業です。

体育の時間の多くは、（準備の時間も含めて）子どもたちの活動中心です。教師の説明や対話もあるにはありますが、それがメインになることはありません（そういう意味では、図画工作なども当てはまりますね）。

これって、ある意味「子ども主体の授業」だと言えませんか？　むずかしいように見えて、実は1日の授業のうちの1時間くらいは、当たり前のようにやっていることなのです。ですから、そのときのテイストを、教室で行う授業にもち込んでしまえばいいというのが私の考え方です。簡潔に言えば、1時間の授業に子どもの活動を設定し、そのための時間を確保するということです。

資料4は、私が普段行っている社会科の授業内の割り振りですが、どの区画も、子どもが主体的に活動する時間となっています。

これらの各活動が、それぞれに活性化するためには2つの要件が必要です。1つは、教師が担うべきもので、発問や問い返しといったつなぎです。そして、もう1つは、子どもたちが担うべきもので、次の3つです。

①書くこと

資料4　社会科45分の基本的な展開

問題意識をもつ	予想	調べる	話し合う	深める	まとめる

②話すこと
③考えること

①は、自分の考えを書く、友達の考えを書く、ふと考えついたことを書く、大切だと思うことを書く、考えを整理するために書くなどが挙げられます。
②は、インプットした情報をもとにアウトプットすることです。口に出して話すことで、自分が考えたことを周囲はどのように受け止めるのか、自分の考えは整理されているかに気づくことができます。ときには、ふと口をついて出てきた言葉が、新たな発見につながることもあります。そこで、私は常日頃から「どのような考えであっても、発言しないよりは発言したほうが100万倍よい」と伝えています。
③は、友達や先生の言葉に心を働かせて意見をもつことです。
ここで、**資料4**に示した学習活動と「書く」「話す」「考える」との関係を整理したいと思います。

1時間の授業の各活動は、あくまでも「予想する」「調べる」「深める」「まとめる」です。いずれも授業のねらいに迫る目的をもたせた活動です。それに対して、「書く」「話す」「考える」は、右の各活動を充実させるための活動です。すなわち、「○分は書く活動」「○

分は話す活動」「○分は考える活動」などと、「書く」「話す」「考える」をそれぞれ個別の活動として（輪切りにして）設定していないということです。

（前述のように）「書くこと」は、思いついたこと、大切だと思ったことなどを書くわけですから、「予想する活動」でも、「調べる活動」でも行うことです。「話し合う活動」のときだって、友達の発言でハッとさせられたことがあれば、どんどんメモすることを推奨しています。

そもそも、何も考えずに書くことはできないし、ただ考えようとするだけでは思考は進まないし、話したことをメモしておかなければ振り返ることもできません。大人だってそうですよね。

かつて、ある講師がこんなことを言っていました。

「授業中、子どもをぬるま湯につからせて、のんびりさせてはいけない」

とても印象的な言葉だったので、私は次のように置き換え、学級開きに毎年、こんな話をしています。

授業が、先生の話をずっと聞き続けるだけだったら、みんなは疲れてしまうよね。先生も、ずっと一人で話しているだけだったら疲れてしまいます。だから、みんなが意見を出し合い、話し合いながら、勉強を進めてくださいね。先生ががんばる授業ではなく、みんなががんばる授業にしましょう。

授業中は、「ノートに自分の感じ考えたことを書いているか」「自分の考えを発言をしているか」「自分なりに考えているか」のどれかです。ひまな時間はありません。

言葉としては、子どもにはむずかしく、きびしいと感じるかもしれません。しかし、表情は穏やかで、語りかけるように伝えればちゃんと伝わります。

「授業は、自分たちががんばるもの」という考え方が浸透してくると、「自分たちが授業のつくり手だ」という意識が少しずつ芽生えはじめます。これが、「子どもが学習の責任をもつ」ことであり、子どもたちにはぜひそうなってほしいと考えています。

2　教師は裏で子どもの学習の責任を取る

私は日頃から「究極は、先生がまったく話をしない授業です」と子どもたちに伝えています。ただ、伝え方を間違えると、（これまでも指摘してきたように）教師の悪しき放任になりかねません。それに、子どもが勝手に育つのであれば、教師という仕事も必要なくなってしまうでしょう。

初任校に在籍していたころ、音楽専科の先生からこんなことを教えてもらいました。

学習指導案には、「指導上の留意点」という項目があるよね。これには、たとえば学習につまずいている子に対して、どのようなことを準備しておくかについて書いておくんだよ。

子ども自身が「学習の責任」をもてるようにするには、表向き「みんなが自分たちの力で学習を進めなくてはいけないよ」と伝えつつも、そのような学習が成立するように、教師が裏側でさまざまな布石を打つ必要があります。

その1つがまさに、この「指導上の留意点」です。「子どもが学習の責任をもつ」ことができるように、教師がその「責任を負う」ということです。そして、これら学習の責任の「表」と「裏」をバランスシートのようにまとめたのが学習指導案なのです（次頁の資料5）。

学習指導案をまとめるにあたっては、「書く」「話す」「考える」を常に意識します。具体的には次のとおりです。

資料5　師範授業「国づくりへの歩み」学習指導案

学習過程	主な学習活動 ・予想される児童の反応	□資料 ※指導上の留意点 評価規準
つかむ	○前時の振り返り ・弥生時代になると米づくりが広がった。 ・食料が安定するようになった。 ○吉野ヶ里遺跡の様子や出土したものを調べる。 ・祭殿や堀がある。 ・首のない骨がある。 ・鉄器がある。 米づくりが広まった後、どのような世の中になったのだろう。 ○本時のめあてに対して予想する。 ・争いが多く起こるようになったのではないか。 ・身分の高い人が現れたのではないか。	※前時のノートを確認して振り返るようにさせる。 □吉野ヶ里遺跡（写真・想像図） □祭殿（写真）□首のない人骨 □ほり（写真）□鉄製の小刀（写真） ※写真などから、当時の様子を予想させる。
調べる	○吉野ヶ里遺跡から出土したものや当時の支配者について調べる。【読む力】 ・祭壇は指導者が使っていた。 ・食料や水、土地などを求めてむら同士が争った。 ・指導者はやがて豪族となり、王となった。 ・邪馬台国の女王卑弥呼は30のくにを従えた。 ○米づくりが広まったころの世の中の様子について話し合う。【書く力①】【話す・聞く力】 ・米づくりが広まったことで争いが起こるようになった世の中。 ・邪馬台国の卑弥呼によって、争いがおさまった世の中。	□吉野ヶ里遺跡で発掘されたものの解説 □卑弥呼のエピソード □争いの起こった原因 □豪族の説明 ※タブレットPCを使い、読み取った箇所を拡大して提示させる。 ※資料から読み取ったことを関連付けて、当時の社会の様子を考えさせる。 ※出された考えの中で納得できるものがあるかどうか聞き、相互評価させる。
まとめる	○話合いを基に本時のめあてに対する自分の考えをまとめる。【書く力②】 ・食料や土地などを求めて争いが起こるようになり、むらは大きくなって「くに」となり支配者は王とよばれるようになった。 米づくりが広まった後、食料や土地などを求めて争いが起こり、やがて豪族は王となり「くに」を治めるようになった。	※話合いを踏まえて、自分の考えに友達の考えを付け足すようにしたり自分の考えを修正したりするように伝える。 ◇米づくりが広がった後の社会の様子について必要な情報を集め、読み取っている。【技①】（ノート）

「書くこと」

ここでは、自動車工業の学習（第5学年）を例に挙げます。自動車の生産方法（組立工場の取組）について調べまとめる学習です。

まずは、教科書などから、自動車の生産方法に関係のある情報を見つけ発表してもらったうえで、自動車の生産方法について自分の感じ考えたことを文章で表現します。

さて、私は自分に戒めている指示の仕方があります。それは、次のようなものです。

「話し合って、みなさんはど

んなことを考えましたか？　自分の考えを書きましょう」

なぜ、こうした指示を私は戒めているのでしょう。それは、子どもたちを迷わせるからです。

といっても、「自動車生産をどうやって説明すればいいか」について迷わせるわけではありません。「書き出しはどうすればいいのか」「そもそも何をどう書けばいいのか」など、書き方そのものへの迷いです。子どもは書き方で迷うと、書く手を止めてしまいます。

そこで私は、そのつど文型を用意しています。ここでは自動車の生産方法についての学習ですから、たとえば次の文型です。

「自動車工場では（　　　　　　　）して、自動車を生産している」

空欄に記入する形であれば、括弧の前後の言葉によって、「何について」「何に着目して」「何を書けばよいか」を暗黙のうちに示唆することができます。自分の気づいたことをメモさせるのとは異なり、私の指示によって書かせる場合には、（単元終末のまとめなどのときを除けば）できるだけスクラッチから文章化させることを求めません。

まとめを書かせる目的は、授業のねらいの実現にあるのであって、文章力の向上にあるわけではないのですから。

「話すこと」

子どもが「話すこと」に対して感じる困難さには次の2つがあります。

● 「どうやって話したらいいかわからない」（発表方法に関すること）
● 「恥ずかしい」「自信がない」（心理面に関すること）

前者については、ノートに書かせてから発表させるようにしていますが、その際、「話し合い言葉」を使わせるようにしています（詳しくは後述）。何らかの工夫を講じないと、うつむきながらノートを読み上げるだけの発表になります。

後者については、学級全体の場で発表させる前に、（いわばウォーミングアップも兼ねて）隣同士で意見を交わす、グループ内で発表し合うという活動を挟みます。人前で話すことに抵抗感を覚える心理的なハードルを下げる効果を期待できるからです。

ときには、「今日は班の代表に発表してもらうから、みんなでサポートしましょう」と事前に声をかけることもあります。

「考えること」

考える力は人並み以上にあるのに、授業の学習場面では考えられない子どもがいます。これは、目の前の学習に対するその子自身の価値づけに理由があります。要するに、「興味がもてないから考えようがない」ということです。

ここで、「嗜好性」ではなく、「価値づけ」としたのにはわけがあります。

学校で学ぶ学習内容は、（塾で習ったとか、もともと読書好き、歴史好きといったことでもなければ）子どもにとってはじめて見聞きするものです。しかも、ゲームのようにグラフィックがきらびやかなものではなく、むしろ地味ですから、教師がうまく仕向けられなければ興味をもちようがありません。つまり、「興味がもてない」というのは、「先生が言うからちょっとやってみたけど、つまらなかった」という価値づけなのです。

たとえば、織田信長について調べる授業を受けているところを想像してみてください。信長がどのようなことをしたのか、教科書から見つけて発表させられたとします。その後、「では、みなさんが発表したことをノートに書きましょう」と指示されたので書き出してみました。

どうでしょう。このような学習によって、「へぇー、信長ってそんなことをしたのか、興味深いな」などと思えるでしょうか？　私だったらまったく思えません。ただ信長の業績を教科書から写し取っているだけでは、学ぶ目的も意味も見いだせないからです。そんな学習はちっともおもしろくないのです。

では、こんな発問だったらどうでしょう。

「みなさんが発表してくれたことは、信長が全国を統一しようとしたことと、どんな関係があると思いますか？」

どうでしょう。少しは、興味が湧いてきませんか？

調べて見つけた事実を羅列するだけでは、子どもは興味をもつことができません。大人だってそうでしょう。だから、社会科では、謎をもちかけて「これからみんなで解き明かしていくぞ」と促し、学習対象の意味や目的を探る展開にもち込んでいくわけです。

「なんだかおもしろそうだぞ」と思わせられれば、子どもは自主的に思考しはじます。ちなみに、学習対象に対する「謎解き」にもち込むことが、子どもたちの興味を引き出すという点は、どの教科等にも当てはまるのではないでしょうか。

＊

「教師が裏で子どもの学習の責任をもつ」というと、とてもむずかしいことを言っているように聞こえるかもしれませんが、端的に言えば、「子どもが自主的に学習活動を進めようとする気持ちをもたせ、実際に進められるようにする手立てを用意しておく」ということです。私の場合は、子どもたちが「書ける」「話せる」「考えられる」ようにすることに重点を置いているということです。

言葉にすると、とても当たり前のことです。しかし、その当たり前を実行に移すには、子どもがつまずく要因をどれだけ精緻に分析できるかにかかっているといえるでしょう。

ファシリテーターとしての教師

何年か前から「ファシリテーター」という言葉を耳にするようになりました。いくつかのとらえがあるようですが、ここでは『今すぐできる！ファシリテーション』（堀公俊著、PHPビジネス新書）を参考にしたいと思います。

ファシリテーターとは、話し合いやプロジェクトを中立的な立場で進行する司会者のようなものです。その点、決定権をもつ議長とは異なり、意志決定を行うことはしません。

このスタイルは、「子ども自身の力で授業をつくる」という考え方と親和性が高いと思います。教師がファシリテーターとなることで、授業における子どもの存在感を増すことを期待できるからです。裏を返せば、よい意味で教師の存在感を薄めると言えるでしょう。

具体的な手法としては、ざっくり次の4つに集約できます。

①話し合いのプロセスを設計する。
②参加者同士のコミュニケーションを促す。
③話し合いの内容を構造化（図解化）する。
④合意形成に至るきっかけをつくる。

①は、話し合いの過程を緻密にイメージすることです。どんな資料（情報）が必要か、どんな話し合にもち込むか、誰がどんな発言をしそうか、話し合いの論点や対立が生まれそうな箇所はどこかなど、話し合いを活性化する要素を具体的にをイメージできるようにします。

②は、話しやすい場の雰囲気をつくったり、参加者同士が意見交流しやすいように仕向けることです。

具体的には、参加者に話を振る、参加者の話をうなずきながら聞く、参加者の発言に対する他の参加者の考えを促すといった役割を担います。そのために、参観者が発言しやすい雰囲気をつくることも重要な役割です。

③は、参加者の発言内容を可視化し、話し合いの構造や進行状況を把握できるようにすることです。

話し言葉は、発せられた瞬間から消えてしまうし、聞き手によって言葉の解釈も異なります。たとえば、参加者の一人が「Aさんの意見は、もう少し膨らませましょう」と発言した場合、「もう少し」とはどの程度か、「膨らませる」とは何を意味するか、お互い同意し合っているように見えて、ニュアンスに違いが出てくるということです。

この違いの可視化を構造化（図解化）します。たとえば、参加者の発言を箇条書きで板書する、対立意見に対しては関係性を明らかにする矢印を引く、個々の考えを分類して小見出しをつけるといった方法があります。いずれの方法を採るにせよ、その目的は、参加者の視線を集め、話し合いへの集中度を高めることにあります。

④は、議論の着地点や妥協点を示すことです。

たとえば、（③の手法を用いながら）複数の意見のなかでどれが軸になるか、対立軸がある場合には妥協点はどこかを参加者に意識させながら、話し合いが収束する着地点を模索させます。

すなわち、ファシリテーションとは、司会者が裏方に回り、参加者がいかに主体的な

資料6　ファシリテーションと授業展開の対応

1　授業展開を構想する	・話し合いのプロセスを設計する。
2　発問や指示を行う	・参加者とのコミュニケーションを図る。 ・参加者同士のコミュニケーションを生み出す。 ・合意形成に至るきっかけをつくる。
3　板書をする	・話し合いの内容を構造化（図解化）する。

登場人物になるように仕向ける手法だと言えるでしょう。

そこで、ここでは、授業の文脈に置き換えてファシリテーターとしての教師をイメージしてみたいと思います。

まず、およそ次の3つに整理できると思います。

①授業展開を構想する。
②発問や指示を行う。
③板書をする。

この3つを先述のファシリテーションの4つの手法に紐づけると資料6にまとめることができます。

この考え方に基づいて実際に行った授業（社会科）が資料7です。

この授業をやってみて感じたことは、子どもたちの側に、「学習の主体は自分たちである（授業は自分たちが進めるんだ）」という共通認識があって、はじめて、教師は授業でファシリテーターとしてふるまえるのだということでした。実際にうまくいくと、「子どものたちの存在が期待以上に際

資料7　ファシリテーションと授業

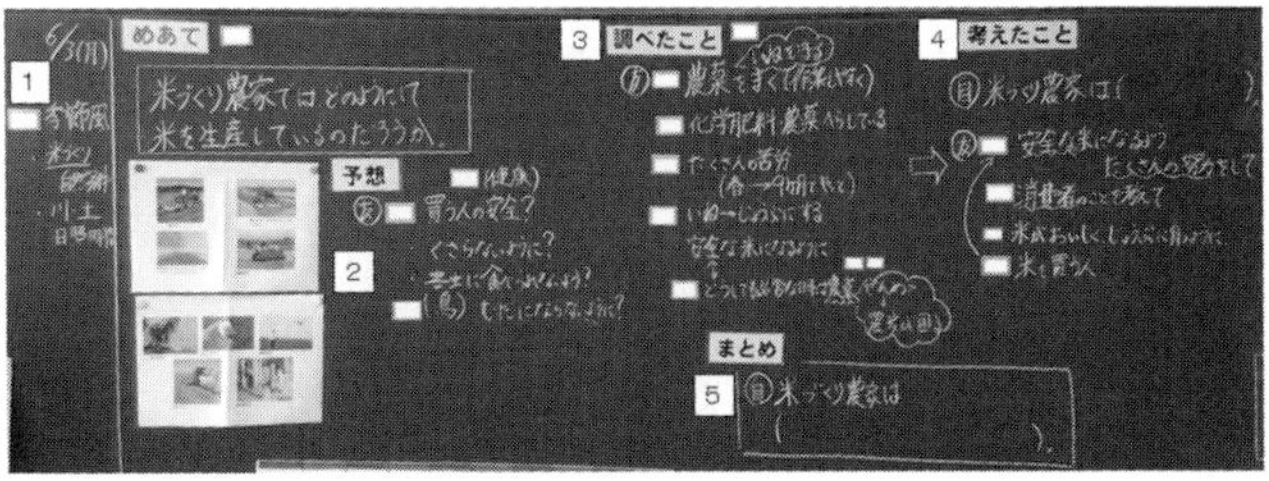

〈授業展開とファシリテーションのポイント〉

1 前時の振り返り
- 前時のめあて（問い）
- 前時の（わたしの）まとめ
- 学習計画→今日の学習内容

2 導入
- 問題意識を明確にするために、資料を提示する。
- 本時のめあて（問い）の提示

3 展開①（情報収集）
- 資料を読み、問いと関係のある情報を見つけ、発表させる。

4 展開②（情報→考察）
- 集めた情報をもとに、問いに対する自分の考えを書くようにさせる。
- 問いに沿って、話し合う。

5 まとめ
- 展開②での話し合いをもとに、問いに対して考えを書くようにさせる。

立つ」ということがわかったのです。

規律を保つ、集中できる環境をつくる

いい授業を成立させる手法にはさまざまありますが、その1つに、挙手なし、起立なしで自由に発言させる授業スタイルがあります。

理想的でもあるとは思うのですが、相応の力量が伴わないと思わぬ失敗につながると思います。なぜならば、あえてルールを設定しないことで自由闊達な雰囲気をつくり出せる一方で、発言への抵抗感がある子ども、集中が切れやすい子どもの学習効率を下げてしまう怖れがあるからです。

そこで私は、いい授業を成立させる手法と

資料8　ファシリテーションと書く・話す・考えるの対応

1	前時の振り返り	「話すこと」「考えること」
2	導入	「話すこと」「考えること」
3	展開①（情報収集）	「書くこと」「考えること」
4	展開②（情報→考察）	「書くこと」「話すこと」「考えること」
5	まとめ	「書くこと」「考えること」

して「規律と環境」を重視することにしています。といっても、「Aさん、静かにしなさい」「背筋が曲がっていますよ。全員がよい姿勢になるまで授業をはじめません」と叱責するなど、教師の許可なく発言することを許さない規律、子どもたちがみなシーンと静まり返った環境を推奨したいわけではありません。

私が求めるのは、子どもたちが学習しやすくなる秩序の構築であり、教師による叱責ではなく、行動を通して意識を変容していける環境づくりです。

これは、これまで述べてきたことの延長です。それは、「書くこと」「話すこと」「考えること」の3つが、常に学習を通して行われるように授業を構成し、ファシリテーションの手法と組み合わせて授業を展開するということなのです（資料8）。

子どもは、「つまらない」「たいくつだ」と思った瞬間に、教室の秩序から外れる行動に出ます。これは、子ども特有のことではなく、そもそも人は、外界からの刺激を感じられない環境に長く身を置くことが苦手だからです。

ですから、学習を通じていい刺激を受けられる状況をキープできるようにしたいのです。そのための「規律と環境」であり、刺激を切らさないための「書く」「話す」「考える」です。自分のやるべきことがはっきりしていることが、学習に集中できる環境になります。

ときには、こんな声もかけます。

「とてもよい雰囲気で学習できていますね。これは先生が注意したからではなく、みんながつくり出したものですよ」

ちょっとしたことですが、こうした声かけが彼らの自己効力感をよりいっそう増してくれるのだと私は思います。

授業システムをつくる

「意識と行動、どちらが先か」などと言うと、ニワトリ、タマゴの話のようですが、私は、「行動によって意識が変わる」という考え方を重視し、自分なりの授業システムを構築しています。

ここで言う授業システムとは、(端的に言うと)教師が全面に出て指示を繰り返さなくても、子どものほうが自然に学習へ向かい、深く考えられるようにするための工夫です。

その1つとして、子どもの時間をつくる「1時間の枠組み」と「問い」を挙げたいと思います。

1時間の授業は、教師と子どもとのやりとりで構成されるわけですが、どのような時間配分であればよりよい学びになるのかは、常に教師を悩ませます。個人的には、教師の出番を一切なくし、すべての時間を子どもに託したいと思うのですが、（係活動などを除き）なかなかそうはいきません。

また、一口に「子どもの時間をつくる」といっても、「書く時間を長く取ればよい」「全員に発表させればよい」わけでもありません。子どもが自ら活動に取り組もうとしていなければ、どれだけ時間を確保しても、教師と子どもの時間と労力をただ浪費させるだけです。

そうならないためには、学習を通じて「よし！これでいいはずだ」「次は何をしよう」などと子どもが思えること、自分のしていることに確かな手応えを感じられることが大切です。そのために必須なのが、〝何のために自分はこの学習をするのか〟（学習の目的）であり、それを与えるための教師の適切な「問い」なのです。

この「問い」が授業のなかで有効に機能するようになると、（資料9に示すボトムアップのように）教師の出番が減り、それと反比例して子どもの出番が増えます。

資料9

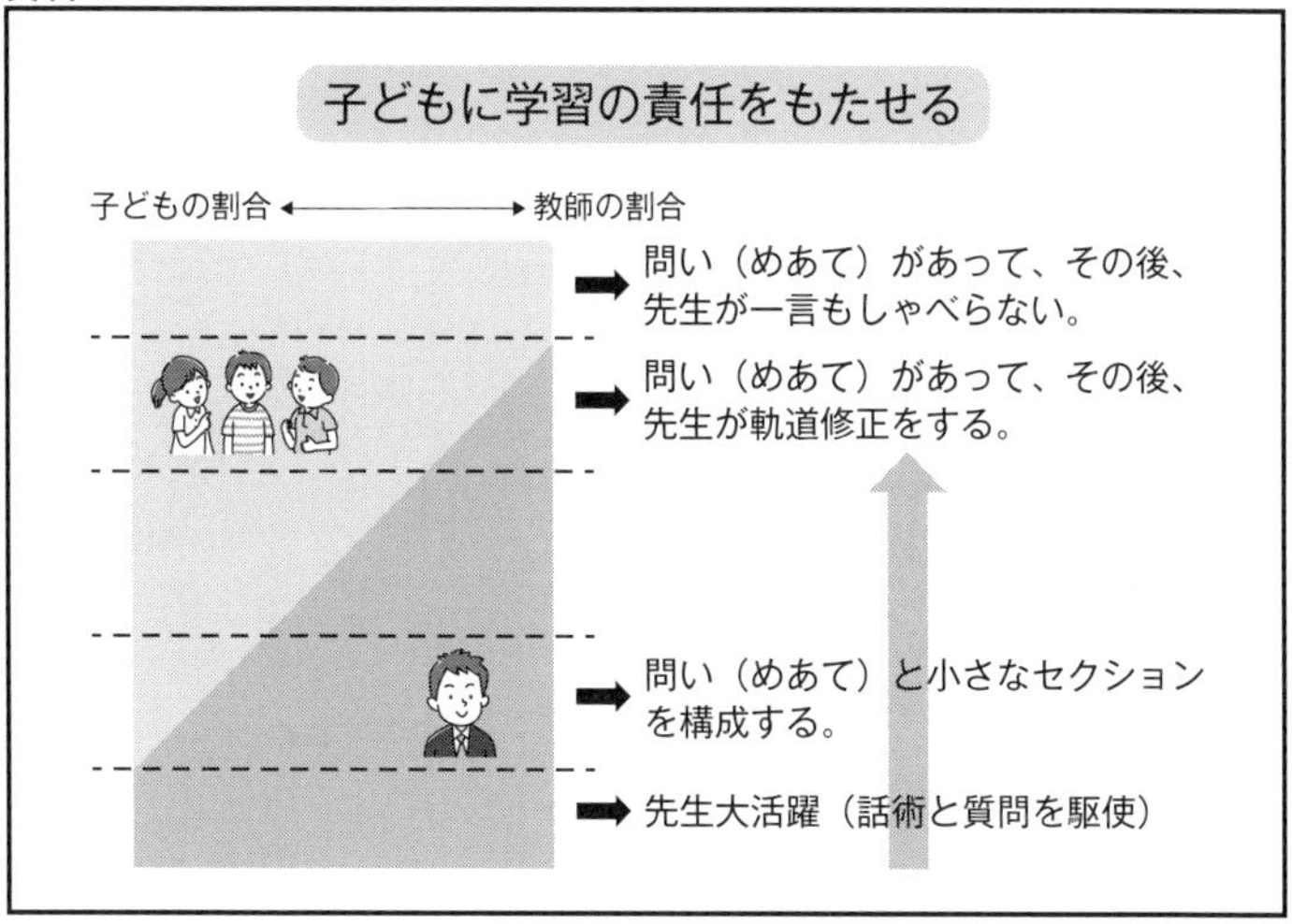
子どもに学習の責任をもたせる
子どもの割合
教師の割合
問い（めあて）があって、その後、先生が一言もしゃべらない。
問い（めあて）があって、その後、先生が軌道修正をする。
問い（めあて）と小さなセクションを構成する。
先生大活躍（話術と質問を駆使）

では、どのようにしたら、教師である自分の出番を減らし、子どもが「書く」「話す」「考える」活動に没頭できるような時間を生み出せるのでしょう。

ここでは、「図形の合同」（第5学年）の算数の学習を例にします。

まず、次の「問い①」をご覧ください。

【問い①】 三角形ＡＢＣと合同な図形をかきましょう。

この問いを示された子どもたちは、さまざまなアプローチで解答を探しはじめます。すると、自分なりに思考錯誤しながら書き方を工夫する子どもがいる一方で、適当に線を引いているうちに、たまたま合同になったという子どもに気づくでしょう。塾などですでに習った子どもは、知っているやり方でさっさとかいてしまうかもしれません。

もちろん、アプローチそのものはいろいろあってよいと思います。しかし、子どもたちが右のような様子で、はたして「合同とは何か？」という理解に迫ることができるでしょうか。

私はむずかしいと思います。なぜか。この問い方だと、合同の形がつくれた段階で学習が終わってしまうからです。すると、「効率的に図形を描く方法を考える」「図形の決定条件に目を向ける」といった目標に向かわないし、「合同な図形はどうすればかけるのか」を説明する力も育ちません。

では、「問い②」の提示の仕方だったらどうでしょう。

【問い②】合同な三角形を書くために必要な頂点Aは、どうすれば見つけられますか？

これであれば、子どもたちは角度や辺の長さに着目して、書いたり、話したり、考えたりしやすくなります。また、「どうすれば」という目的がはっきりしているから（周囲の子どもたちと目的を共有できるから）、お互いの考えを交流しやすくもなります（資料10）。

資料 10　算数板書（図形の合同）

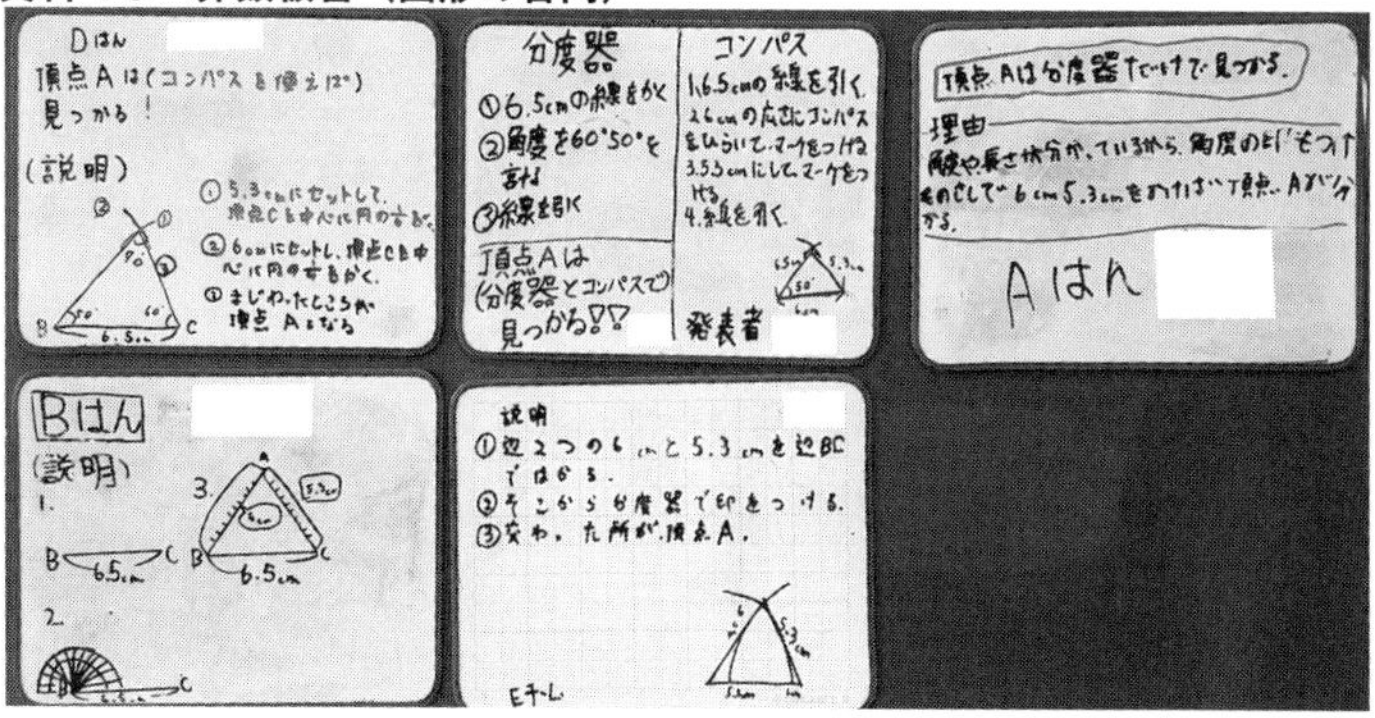

もう１つ、社会科の学習も紹介します。まず、「問い①」です。

【問い①】源頼朝について調べよう。

この問いだと、子どもたちからこんな質問がくるのではないでしょうか。

「先生、何個書けばいいですか？」

「先生、○○も書くんですか？」

学習の目的を「調べること」自体に置いてしまうと、学習対象である「源頼朝について少しでも詳しくなればいいんだ」という受け止めになります。また、どの程度の「詳しさ」を求められているのかも不明確です。だから、このような質問になるのです。

これに対して、「問い②」であったらどうでしょう。

［問い②］源頼朝はどのようにして武士を従えたのだろう。

この「問い」であれば、武士を従えるために行った頼朝の工夫や努力に着目して、書いたり、話したり、考えたりできるようになるのではないでしょうか。

また、学習後半に、「なぜ頼朝は、武士との関係を築くために土地に着目したのだと思いますか？」といった補助発問を差し挟めば、武士の考え方や封建制度の成立過程への理解につなげられる確度も上がると思います。

「やらされている学習」から「自分たちが進める学習」にする、そのために子どもたちが学習に没頭できる「問い」を提示し、いかに教師の出番を効果的に減らせるか、（私が目指している）黒子の教師の腕の見せどころです。

教師が登場すべき3つの出番

（矛盾した言い方になりますが）「教師の出番」を効果的に減らすために欠かせない「教師の出番」があります。

ここでは、「規律にかかわる」「考えを深める」「個に応じる」の３つを紹介します。

資料 11　米づくりの課題板書

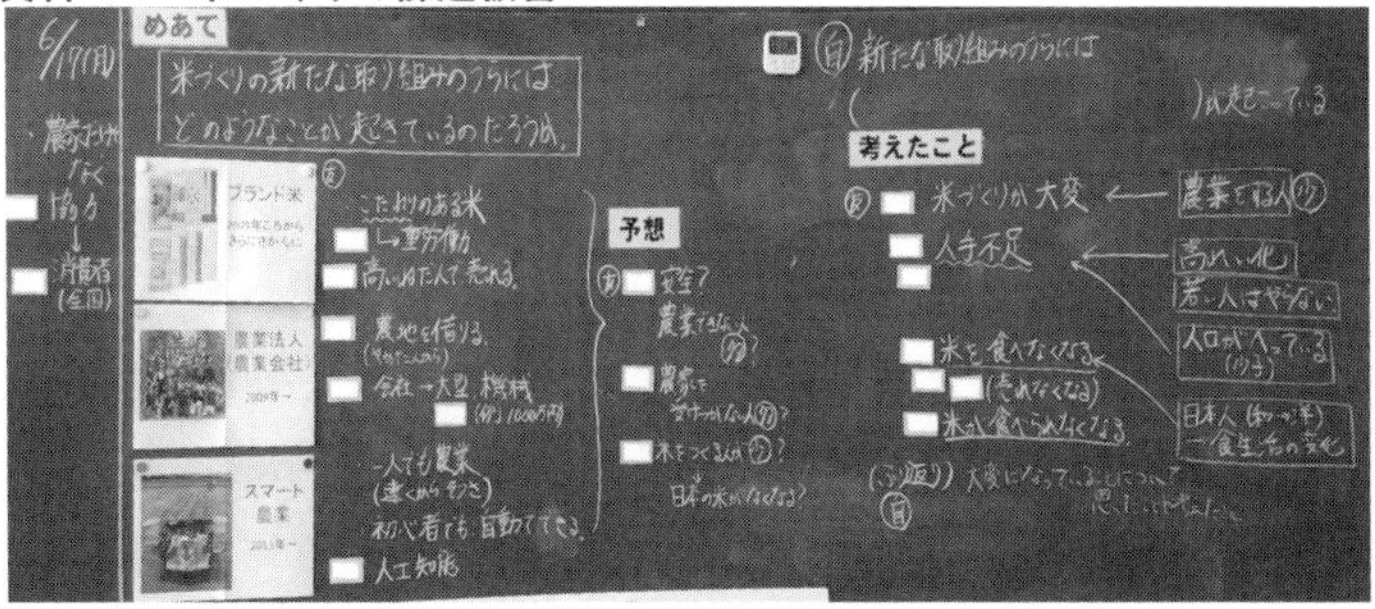

1　規律にかかわる教師の出番

規律にかかわる教師の出番とは、端的に言うと「メリハリのある展開」をつくるということです。授業のこの場面では〝さらっと〟、この場面では〝じっくりと〟展開させるといった、場面に応じて抑揚をつけることです。そうすることで、（集めるべき情報はしっかり集めつつ）授業のねらいに直球で迫る瞬間が来たら、全力で学習に集中できるように、子どもたちの気力を温存することができます。

以前、私は**資料11**の授業を行ったことがあります。

授業の構成は、次のとおりです。

〈本時で調べさせたいこと〉

- ●米のブランド化
- ●スマート農業
- ●農業法人

〈本時で大切にしたいこと〉

●新しい農業の取組が行われている社会背景に目を向けさせる。

調べる要素が多い授業でよく陥りがちなことがあります。それは、時間配分です。右の例でいえば、資料から事実を見つけ、考え話し合う活動を、「米のブランド化」「スマート農業」「農業法人」のすべてについて均等に行おうとすると、それだけで授業時間が終わってしまうでしょう（45分でも足りないかもしれません）。

そこで、この3つについては動画を見せ、「それぞれどんな取組だって言っていた？」と聞く程度で〝さらっと〟済ませました（資料12）。授業開始からここまでで10分です。情報を凝縮することで、本題を話し合うために必要な子どもの体力・気力を温存したわけです。

次は、本題に切り込む〝じっくりと〟の時間です。

【問い】すごい工夫をしたり新しいことをはじめたりしているけど、どうしてこのような取組が広がっているのだと思いますか？

資料 12　米づくりのさかんな地域（庄内平野）

★社会「米づくりのさかんな地域」
〇米づくりに関わる新たな取り組みを調べることを通して、日本の農業の現状を理解する。
※前時の振り返り
※新たな米づくりの取り組みを動画で提示する

T：スマート農業とはどんなことをしていましたか？
T：農業法人とはどんなことをしていましたか？
T：ブランド化とは、どんな取り組みですか？

T：いいことがたくさん始まっているんだけど、どうしてここ最近こういったことが始まっているんだろう。この裏には何が起こっていると思う？

め：米づくりの新たな取り組みの裏には、どのようなことが起こっているのだろうか。

・予想

※資料を配付（米づくりの課題）
→発表

自：新たな取り組みの裏には（　　　　　　　　　　　　なこと）が起こっている。
※ミニクラゲチャート
→話し合い

（考えを深める発問：この状況は、誰に影響が出ると考えられますか）

ま：新たな取り組みの裏には（　　　　　　　　　　　　なこと）が起こっている。

（振り返り：米づくりの今の課題について思ったことや考えたことを書きましょう。）

この問いに答えられるようにするために、「いま、日本の農業にはどのようなことが起きているのか」について、資料（日本の農業が抱える課題）をもとにしながら話し合い、農業の現状を見いだしていきました。

ここまでが、「メリハリのある展開」ですが、規律に関しては、もう1つ大切にしている考え方があります。それは「謎の時間をつくらない」こと。子どもたちが「いま、何をしたらいいかわからない」という状況（学習の隙間）をつくらないということです。

たとえば、「この写真を見て、気づいたことをノートに書きましょう」という指示を出すと、多くの子どもたちの手は止まります。「何について書けばいいのか」「どんなことなら書いてもいいのか」「いつまで書けばよいのか」「そもそも、何のために書くのか」がイメージできないからです。ときおりですが、こうした指示を出す先生を見かけることがあります。

この「謎の時間」には、机に突っ伏す、隣の子にちょっかいを出すといった行動に出る子がちらほら生まれます。このことも確かに問題ではあるのですが、私が問題にしたいことはほかにあります。それは、（一部の子どもが何をしたかではなく）活動に取り組む子どもたち全体の主体性を教師が損なってしまっていることです。

この「謎の時間」にも、多くの子どもは、ノートに何かを書こうとしている、板書に視線を動かすなど、教師の指示に従っているはずです。しかし、一見まじめに取り組んでいるように見えて、"本当は何をすればいいかわからないけど、先生に怒られたくないから、取り組んでいるフリをしていることが多いのです。

ですから、一部の子どもに何か問題が見られたら、自分の不適切な指示によって子どもたちの集中が切れている（「謎の時間」が発生している）と疑ってみる、"一部の子どもの問題行動はそれを知らせるシグナルだ"くらいに受け止めてみるのが賢明だと思います。

それにもし、この「謎の時間」を放置していると、ときとして子どもたちに悲劇をもたらします。学級が荒れる下地となってしまうことがあるからです。

「あいまいな指示や発問」→「謎の時間」の発生→一部の子どもへの叱責。このループは、子どもの学ぶ意欲を奪い、授業の規律維持をむずかしくします。まさに悪循環です。そして、これは、（これまで私が見てきた）荒れていく学級に共通するループなのです。

2　考えを深めさせる教師の出番

大学時代の教授から、こんな話を聞いたことがあります。

「すごい発見をしたんです。ちょっと聞いてください」

興奮冷めやらぬ調子で、まくしたてるように話しはじめる青年がいました。

話をよく聞くと、この青年が「発見した」のは、「二桁の割り算」でした。

それは、学校に行っていない青年が、試行錯誤の末に見つけ出した、彼にとっての大発見だったのです。

「教育とはなんだろう」そんな自問自答を与えてくれる話として、いまもよく覚えています。これに対して、私は次のように考えました。

確かに、学校で教えを受けていないのに、自力で1つの法則を見いだしたこの青年の試行錯誤は純粋にすごいと思います。感銘も受けました。しかし、同時に「この青年に手を貸す人はいなかったのか」とも思ったのです。

もし誰かの手助けがあったら…この青年はきっとより広く、より深く学べたのではないか。美談ではあるけど、その機会を得ることができなかった悲しい話だとも思ったのです。

知識を身につけ、それらを活用する力を獲得するのは、本人の努力以外にありません。しかし、そこに誰かの適切な手が加われば、その力は飛躍的に伸びる可能性が高まると思います。そして、それこそが、私の考える「考えを深める教師の出番」です。

ここでは、「豊臣秀吉は、どのようにして全国を統一したのだろう」という「問い」のもとで学習を進めていく授業を例にしながら考えていきたいと思います。

子どもたちは資料をもとにしながら、豊臣秀吉の取組を明らかにする意見を順調に出し合っていました（資料13）。

●刀狩りで反抗させないようにして。
●検地を行って。

資料13　秀吉の板書

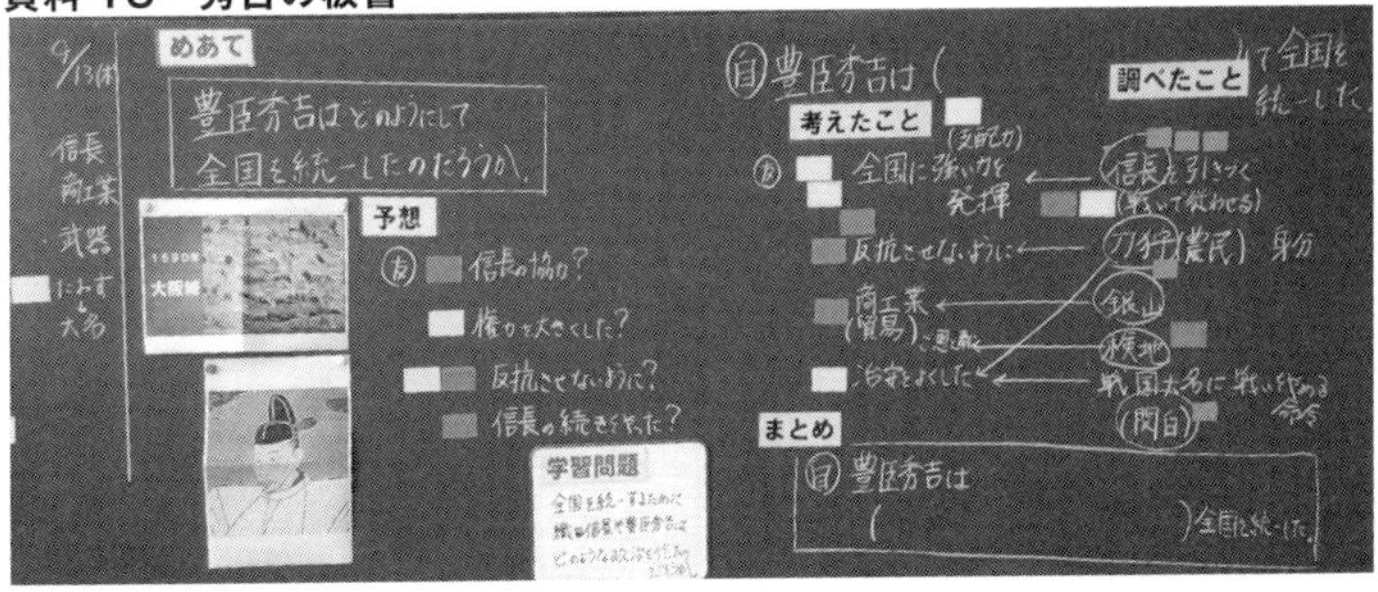

●銀山を手に入れて。
●商工業を盛んにして。
●関白になって大名に戦いをやめる命令を出して。

ここまでの発言が出れば、本時の「問い」の答えは出せそうです。しかし、私はあえてもう1つの発問をすることにしました。

「なぜ、全国の大名は、豊臣秀吉の命令に従ったのだと思いますか？」

豊臣秀吉が全国に大きな影響力を及ぼし得たという事象の意味に、もう一歩踏み込んでほしいと考えたからです。

子どもたちは、次の3点に着目しました。

●信長の跡を継いだから。
●銀山を手に入れることで強い経済力をもち、武力を高めたから。
●天皇の関白となって権力をもったから。

調べたことを出し合うことはとても大切です。ただ、それだけでは、秀吉の天下統一という事象の特色や意味の理解にまでは届きません。いかに、子どもたち自身の力で授業をつくることを目指していても、ただ任せればいいわけではない理由がここにあります。

子どもだけでは気づかない事柄に目を向かせて深い理解に到達させる。その理解は「自分たちの力でなしえた」と思わせるようにする。これが私の考える2つ目の教師の出番です。

このようにしてたどり着いた知識には汎用性があります。

子どもが着目した「銀山を手に入れることで強い経済力をもち、武力を高めたから」については「経済とのかかわり」、「天皇の関白となって権力をもったから」については「権威とのかかわり」への気づきがあります。いずれも、「秀吉の軍がただ強かったから」という理解では届かない、他の学習にも応用が利く汎用性です。子ども自身が「これは他の場面でも使える」と自覚した知識（概念）は、形を変えながら何度でも想起されるのです。

3　個に応じる教師の出番

指導案などでよく見かける表現があります。それは、「本学級の子どもの学習状況や意欲には個人差がある」というもの。一見すると、分析的で妥当な表現であるように見えます。しかし、私には何も言っていないに等しいと感じます。

最短距離で理解に到達する子もいれば、遠回りをしながらたどりつく子もいます。意欲だってそうです。どんな学級であっても、個人差があって当たり前です。ですから、子どもの個人差を解決すべき課題だととらえると誤ると思います。そうではなく、個人差は授業を充実するための前提とすべき要件なのです。

では、この要件のもとに、授業を充実するには何が必要でしょう。いくつも考えられると思いますが、「何につまずいているのか」子ども一人一人の学習状況を分析することを挙げたいと思います。

そこで、ここでは、子どもがつまずきやすい場面を考えてみます。たとえば、次の3つです。

- 資料から情報が読み取れない。
- 読み取った情報を使って、考察できない。
- まとめの作品を作成できない。

このうち、「資料から情報が読み取れない」場合であれば、次の要因が考えられます。

●資料を読み取る目的を理解していない。
●教師が提示する情報が多すぎて、着目すべき情報がどれか判断できない。
●そもそも文章を読むことが苦手。

このような分析的視点で、子ども一人一人の学習状況をつぶさに観察し、状況に応じて助言します。これが「個に応じる教師の出番」です。

私は次のように助言しています。

「～と関係あるのって、どこに書いてあった？　じゃあ、そこに線を引くといいよ」
「～って、どうなっているの？　資料のどこを見てわかった？」

教師から問われていることにまったく反応できない子には、「～に線を引いてみよう。これは何か関係ありそうだよ」と伝えることもあります。

子どもによって助言の内容や仕方を変えるのは個人差に応じるためですが、共通することもあります。それは、（個人差を前提としながら）ど、の、子、も学習のスタートラインに立たせることです。全員が参加できる学習でなければ、（個人差を肯定したうえで）子ども同士の、かかわり合える授業を実現することはできません。そのための教師の出番なのです。

＊

「間違ったらどうしよう」「Aちゃんのようにはできない」「恥ずかしい」などといった、自分のパフォーマンスを自ら縛る不自由から、子ども一人一人が解放され、どの子も自信をもって自分の考えを表現できるようにする。こうした責任を（教師である）私は負っているとき考えています。そのための出番だと思うのです。

子どもの学びを活性化する

1 「話し合い言葉」を活用する

「主体的、対話的で深い学び」のなかで、一番手ごわいのが「対話的な学び」だと言われます（澤井陽介著『教師の学び方』東洋館出版社）。この「対話的な学び」のむずかしさは、1時間の授業のなかに必ず話し合う時間を確保しさえすれば実現する学びではないことにあります。

ここでは、私の考える「対話的な学び」について考えたいと思います。そこでまず、「話し合い」の要素を2つ挙げたいと思います。

①意見を発信する。

②発信された意見に対して関連する意見を発信する。

①に対して②があることが「話し合い」の必須条件です。問題は、「関連する」という点です。思い思いの考えを発表させた発言が、相互に関連し合っているか（つながっているか）が重要だということです。これがなかなかにむずかしい。

そこで、私は学級開き早々に子どもたちと一緒に「話し合い言葉」（資料14）をつくり、「授業で話し合う際には、この表に基づいて行おう」と促しています（これは、私のオリジナルではなく、東京都板橋区立板橋第十小学校の校内研究から着想を得たもの）。

この表の左側（分類の箇所）は、子どもが考えを発信する際の視点です。この視点ごとに、どう言えば相手に伝わるか、子どもたちと一緒に考えながら書き込んでいきます。年によって、若干異なりますが、おおむね同様の意味の表現に落ち着きます。

「比べる」であれば「〜さんとは違って」「〜に似ていて」「〜さんの考えにつけ足しで」、「前の勉強から思いついた」であれば「前の勉強のとき〜」や「振り返ったんですけど〜」

といった案配です。

ひとしきり出そろったら、「じゃあ、授業のときには、みんなが考えてくれた言葉を使いながら話し合いをしよう」と促します。

実を言うと、この話し合い言葉には、「話し合いを成立させる」以外に、次の2つの効果があります。

1つは、「聞く態度が育つ」こと。

話し合い言葉を用いることによって、相手意識が育まれます。

もう1つは、「受容する雰囲気が生まれる」こと。

たとえば、「Aさんと似ていて」であれば、Aさんは「あっ、自分

資料14　話し合い言葉

話し合いマスターを目指して！

5年　　組　　番　名前（　　　　　　　　）

★話し合い言葉をつくって、身に付けよう

	分類	言葉の具体例	使えましたか？（正の字で）
1	声が聞こえないから聞きたい。	・もう一度お願いします。 ・大きな声でお願いします。	
2	よく分からないから質問する。	・くわしく教えて下さい。	
3	理由（根拠）を示す。	・なぜなら、——。 ・理由は——。	
4	例を示す。	・例えば——。	
5	比べる。	・〜に対して、　〜似ていて ・〜さんと比べると、〜ちがって	
6	付け足す。	・〜さんに付けたして、	
7	つなげる。	・〜同じて。 ・〜を、くっつけると。	
8	例をたずねる。	・例えば何ですか？	
9	確認する。	・つまり〜ですか？	
10	まとめてみる。	・〜を合わせると。	
11	視点を変える。	・ところで、——。 ・——という考えもあります。	
12	「まとめてみる」にストップをかける。	・それとは意見がちがって	
13	理由（根拠）を聞く。	・理由は何ですか？ ・どうしてですか？	
14	解説をする。	・〜さんを分かりやすくいうと ・〜さんがいいたいのは	
15	うながす。（紹介する）	・〜さんの意見なんですけど、	
16	話し合いのとちゅうで思いついた。	・ノートに書いてないんですけど、 ・思いついたんですけど、	
17	前の勉強から思いついた。	・前の勉強の時——。 ・ふり返ったんですけど、——。	

と同じ考えの人がいた」とほっとする気持ちを抱いたり、「自分の考えに注目してくれた」とうれしく思う気持ちを抱いたりするでしょう。あるいは、「わたしの考えに続けて、どんなことを言うのだろう」と友達の考えに対する好奇心を抱くこともあると思います。こうした積み重ねが、他者を受容する雰囲気をつくってくれます。

また、なかには「話し合い言葉」を使おうとしない子どももいます。そこは教師の出番です。「Bくん、話し合い言葉は?」と促します。

定着を図るためには、粘り強さが必要です。〝また、話し言葉か…〟と、子どもからしつこいと思われるくらいでちょうどいい。〝この学級では、話し合いの際、みんなで決めた話し合い言葉を使わないと、先生から突っ込まれる〟と。

ただ、突っ込みだけでは、子どもにいやがられるようにもなります。ポジティブな評価が必要なゆえんです。

「おっ! しっかり使って話しているね」

「いまの言い方は、話し合い言葉の8番だね」

という調子です。このようにして、粘り強く定着を図りながら、どの子も自由自在に使いこなせるようにしていくのです。

実を言うと、この試みは教師の出番を減らす試みでもあります。「話し合い言葉」が身についていれば、教師がいちいち指図しなくても、子どもたちのほうがお互いの意見をつなぎ合わせるようになるからです。

お互いつながり合えることは、彼らの人間関係さえよりよくしてくれます。授業での話し合いが、よりよい学級にしてくれるのです。

2 ペア学習の効果を高める

対話的な学習スタイルには、「ペア」「グループ」「学級全体」があります。

このうち、「グループ」「学級全体」では、話し手以外の子どもたちは聞くことに徹することができるので、考えの多様性や正当性を発展させる効果があります。

それに対して、「ペア」では、「2人であるがゆえに、なにかしら発言せざるを得ない」状況が生まれるので、他の2つよりも半強制的に対話を促す効果があります。私は、特にこの「ペア学習」の効果を期待して、授業の随所に取り入れています。

具体的には、次の3つの場面です。

①情報・意見交換の場面
②学級全体での話し合い前のウォーミングアップ場面

③全員参加に向けた、学習参加率を上げる場面

①は、資料から見つけた情報を伝え合ったり、ノートに書いた自分の考えを交流し合ったりする場面で行います。「友達の考えを聞いて、自分の考えをもっとよくしたい」「自分はここまで調べられたけれど、友達はどんなことを見つけたのかな」と確かめ合うことで、自分の考えをまとめられるようにすることが目的です。

②は、「まずは、自分の考えを隣の人に聞いてもらいましょう」などと教師が指示して行います。「自分の考えは相手に伝わるかな」「友達はどんなことを考えたのかな」と確かめ合うことが目的です。ウォーミングアップ場面を取り入れることで、発言しようという意欲を高めることができます。

③は、一部の子どもの発言に偏ってしまった場面や、高度な思考力が求められる場面で行います。学習参加率を上げることが目的です。

ここでは、（第1章や本章でも紹介している）「組立工場の働き」（第5学年の「自動車工業」の単元）の学習を例に、私が行っているペア学習を紹介します。

本時では、自動車工場ではロボットや機械によってだけでなく、人も生産ラインに加わり、細かな部品や検査を行っていることについて調べます。

私はまず、「どうして人もかかわっているのでしょう？　機械やロボットがすべての作業を行ったほうが、早く自動車をつくれると思うのですが…」と発問しました。

発問直後、数名が挙手しましたが、あえて指名せず「まず、お隣さんと話し合ってみましょう」と指示を出しました。

この発問は、（そのときの私にとって）本時の核心に迫る最も重要な問いかけだと位置づけていましたが、このような発問には、すぐに反応できる子とそうではない子がいます。私は、どの子にも反応してほしいと考えていたので、この場面でペア学習を行うことにしたわけです。

普段は友達の発言をただ聞くばかりの子どもも、ペア学習であれば相手に自分の考えを伝えることができます。そのうえで、学級全体での話し合いにもち込めば、（たとえ自分からは発言できなくても）ペアに伝えた自分の考えを意識しながら友達の意見を聞けるので、自分なりの理解を形成できる確度が上がります。

ただし、このペア学習には、留意すべき点もあります。それは、「ペア学習は、一方が自分の考えを話さなかったら成立しない」ということです。これに対しては、「話し合い言葉」を使って話をするように促します。それでも、むずかしい子には「まずは、『ねえ、どうする？』から話しましょう」と伝えます。

対話に唯一無二のコツなどありませんから、何度も繰り返し経験しながら自分なりの方法を体得する以外にありません。ですから、教師の側がしびれを切らすことなく、辛抱強く取り組ませることが、結局は定着への近道となります。

3 ノートに書く目的を明確にする

授業中、熱心に色分けしながらカラフルにノートを仕上げる子どもがいます。このような子どもに対して、教師はしばしば「きれいに書くことが目的じゃないよ」と声をかけます。それ自体は正しい指摘です。しかし、その割には、次のようにも声をかけていないでしょうか?

「ここは1行空けましょう」
「マスからはみ出さないように」
「字が雑だから、きれいに書き直しましょう」

きれいに書くことが目的ではないはずなのに、それと気づかず私たち教師は、つい「きれいに書く」指導をしてしまっているのです。こうした矛盾は、知らず知らずのうちに子どもを混乱させます。

〝何のためにノートを書くのか〟その意味を、教師と子ども双方で共通理解することの大切さがここにあります。
私が考えるノートを書く「目的」は次の2点です。

●自分自身の理解を深める。
●学習したことを記録し、後々振り返られるようにする。

この目的実現のために、「何を書けばよいのか」と「どのように書けばよいのか」を指導します。前者については、（社会科であれば）次の項目について書くように指導します。

●日付
●本時のめあて
●調べたこと
●考えたこと
●友達の意見
●まとめ

資料15　子どもがまとめたノート

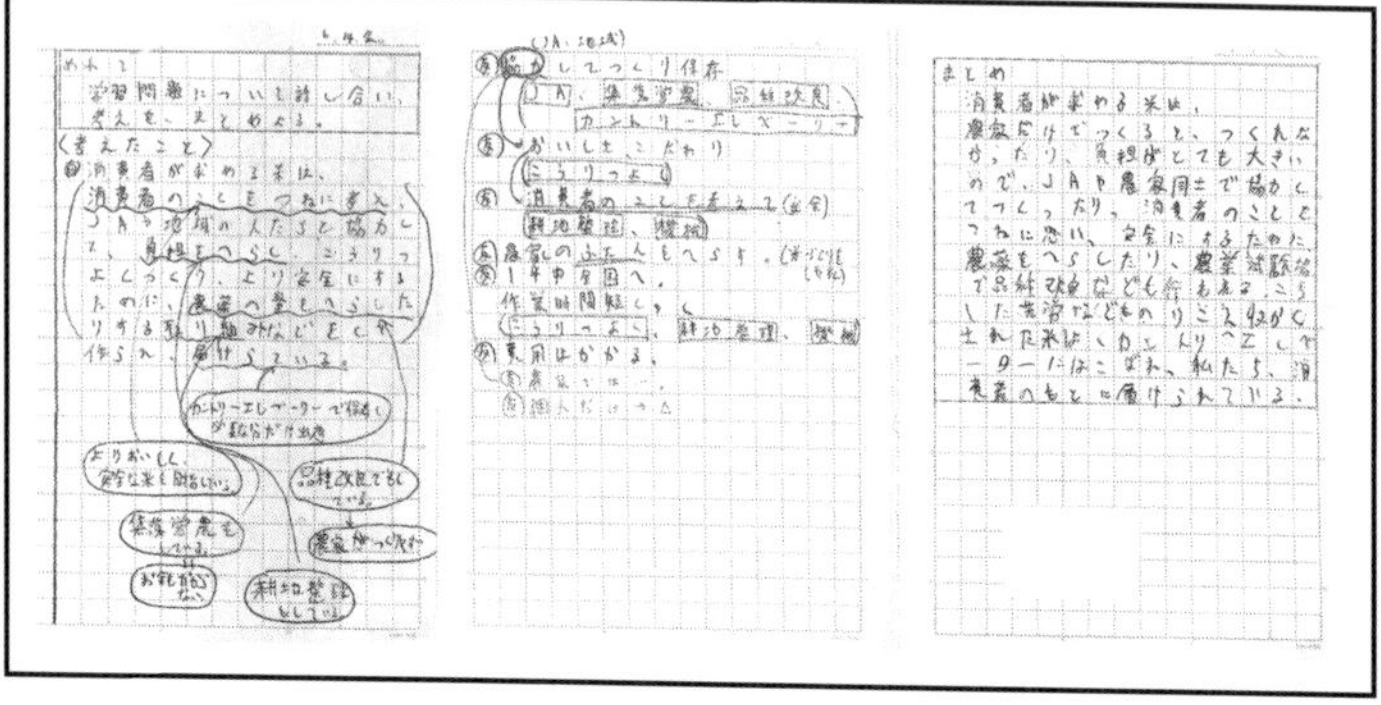

次は「書き方」です。

資料15は、私の学級の子どものノートですが、書かれていることは右の6項目です。でも、それだけではありません。自分で注釈を加えたり、矢印で結んで内容の関連づけを図りながら情報を整理したりしています。

私は、ノートの書き方について、次のように伝えています。

「『自分の考え』と『友達の考え』をしっかりと書きましょう」

「黒板の文字が書きにくかったから、自分で変えて書きましょう」

これは、ノートを書く2つの目的実現のために必要な事柄です。

また、ときには私も「字が雑だから、きれいに書き直しましょう」と声をかけることもあります。しかし、それは、きれいなノートにするためではありません。子ども自身も判読できないくらい、ぐちゃぐちゃな文字を書く子もいるので、自分で振り返られるようにするためです。

さて、ここまで指導しても思うように書けない子もいます。その場合には、次の2つの手立てを講じています。

1つは、自分の考えがしっかり書かれた子どものノートのコピーを「ベストノート」と称して全員に配布することです。

渡す際には、「なぜ、このノートがベストノートなのか」私の意図を伝えます。自分のノートと比較させることで、何が足りないのかを考えさせるためです。これが、ノートの書き方の思考訓練になります。

もう1つは、後々の学習で自分のノートを振り返らせる場面を意図的に設けることです。「自分が書いたものは、いずれ自分のために使うことになる」ことを意識させることが目的です。

いい加減に書いてしまったばっかりに、後々困ってしまう場面を、あえてつくることも大切だと思います。これは、ひとえに子ども一人一人に学習の（表側の）責任をもたせるためです。

それに、黒板の文字をただひたすらノートに写していても、ちっとも楽しくありません。

自分の考えをたくさん書けるから楽しいのです。後で振り返るときには、充実感に大きな差も生まれます。「自分はすごく考えた、勉強をがんばれた！」と思えれば、次の学習へのモチベーションを高めてくれるでしょう。

4　書き写すことが調べ学習ではない

「社会科と言えば、調べ学習」というくらい、授業では欠かせない学習活動です。とはいうものの、何をどう調べることが「調べ学習」の正解なのか、実を言うと私自身、ずいぶん長いこと明確な答えを見いだせずにいました。

資料を読む、情報をノートに書くといったイメージは湧くのですが、「調べる」とはどういうことなのかをうまく言葉にできずにいたのです。

そんなある日、私は妻に尋ねてみました。「いつも旅行のときによく調べているけど、どんなことを考えて調べているの?」と。

旅行などに行く際、妻は本やインターネットを駆使して徹底的に調べあげ、緻密な旅行計画を立てる人です。そんな彼女なので何かヒントをもらえるのではないかと思ったのです。しかも、教師ではないから、同業者にありがちな余計なバイアスもかかりません。

すると、彼女はこう言いました。

「その土地で自分は何をしたいか、どんなことを味わいたいかかなぁ、考えてることは。そのために、何かいい情報がないかなって探してるんだよ」

う～ん。実にシンプル。しかも、おもしろい。私は妻の「調べ学習」を授業に応用してみることにしました。

ポイントは次の2つ。重視している点は、目的に照らし合わせながら必要な情報を見つけることです。

●本時の問い（めあて）を明確に意識する。
●問いに関連する情報を、資料から見つける。

以後、子どもたちが資料（または教科書）と向き合うときには、次のように指示を出すようにしています。

「問いと関係がありそうだなと思うところに線を引きましょう」
「線を引いた場所同士がつながりそうだと思ったら、矢印で結びましょう」
「感じたことや考えたことがあったら、線を引いた場所にコメントを書きましょう」

子どもたちは、気づいたことは教科書や配布した資料などに直接書き込んでいます（資料16）。これが、思った以上にうまくいきました。

この試みに対して、授業を参観いただいた先生方から、しばしば聞かれる質問があります。それは「調べて見つけたこと（情報）は、ノートに書かせないんですか？」というもの。

資料16　気づいたことは資料に直接書き込んでしまう

出典：『小学社会⑤』（教育出版、平成27年度版）より

確かに、調べた情報をノートに書くことも、ときには必要だと私も思います。たとえば、誰かにインタビューしたり動画を見たりしたときです。情報を記録しておかないと、あとで振り返ることができなくなるからです。

でも、そうではないときにまで、ノートに書く必要があるでしょうか？

重要なことは、何が学習に必要な情報であるかがわかり、それを後から振り返られるようにしておくことのはずです。そのために必要な情報はすべて教科書や資料に書かれています。だったら、下線なり矢印を引く、必要ならコメント程度のメモ書きをしておくだけで十分ではないかと思うのです。

それに、教科書や資料に書かれていることをノートに書き写させる時間が、私はもったいないと思います。

以前、資料などで調べたことをノートに書かせるために時間を割いたことがあります。すると、多くの子どもは書き写すことに時間を取られてしまい、箇条書きで2つくらいしか書けませんでした。

これは、子どもの情報収集力の問題ではありません。単純に文字を書くことに時間がかかってしまっただけです。これでは、使用した時間に見合うほど、子どもは自分の力を発揮できていないことになります。

（繰り返しになりますが）調べ学習で重視すべきは、目的に照らして必要な情報を見つけ、それら情報を振り返られるようにしておき、しっかりまとめられるようにすることです。そこから外れさえしなければよいと私は考えています。

5　まとめる（社会科で行う作品づくり）

社会科では、2つの意味で「まとめ」という言葉を使っています。

1つは「1時間の授業でのまとめ」で、本時の問いへの考えを書くこと、もう1つは「単元終末でのまとめ」で、作品づくりと学習問題への答えを書くことです。両者に共通して指導すべきことは、「何を書くか」ではなく、「どのようにまとめるか」です。

授業に「まとめ」が位置づけられているのは、子どもの理解の定着を図るためですが、理解の仕方は子どもによって異なります。そのため、（「調べる」ときには下線や矢印でよいのですが）「まとめ」については（1時間の授業でのまとめであれば、空欄に書く形式でよいので）しっかり自分の言葉にする必要があります。確かな理解に到達するには、情報を整理しながら自分なりに考えた言葉で意味をまとめることが重要だからです。

さて、ここからは、「単元終末での作品づくり」について述べます。

私が高学年の学習でよく用いる手法に「関連図」と「年表」があります。

資料17は、子どもがつくってくれた「関連図」です。各カードは、子どもが単元を通して調べてきたことで、このカード同士を線で結びながら相互の関連を考えていきます。

カード同士のつなぎ方には、その子の思考が表れます。そこで、私はこの関連図づくりを「学習したことを一人一人が解釈し直す作業」だととらえています。たった1つの正しい関連図をつくるのではなく、子ども一人一人が自分の解釈を練り上げるための学習なのです。

この「関連図」をつくるときには、次のように指示を出しています。

資料17　子どもが描いた関連図

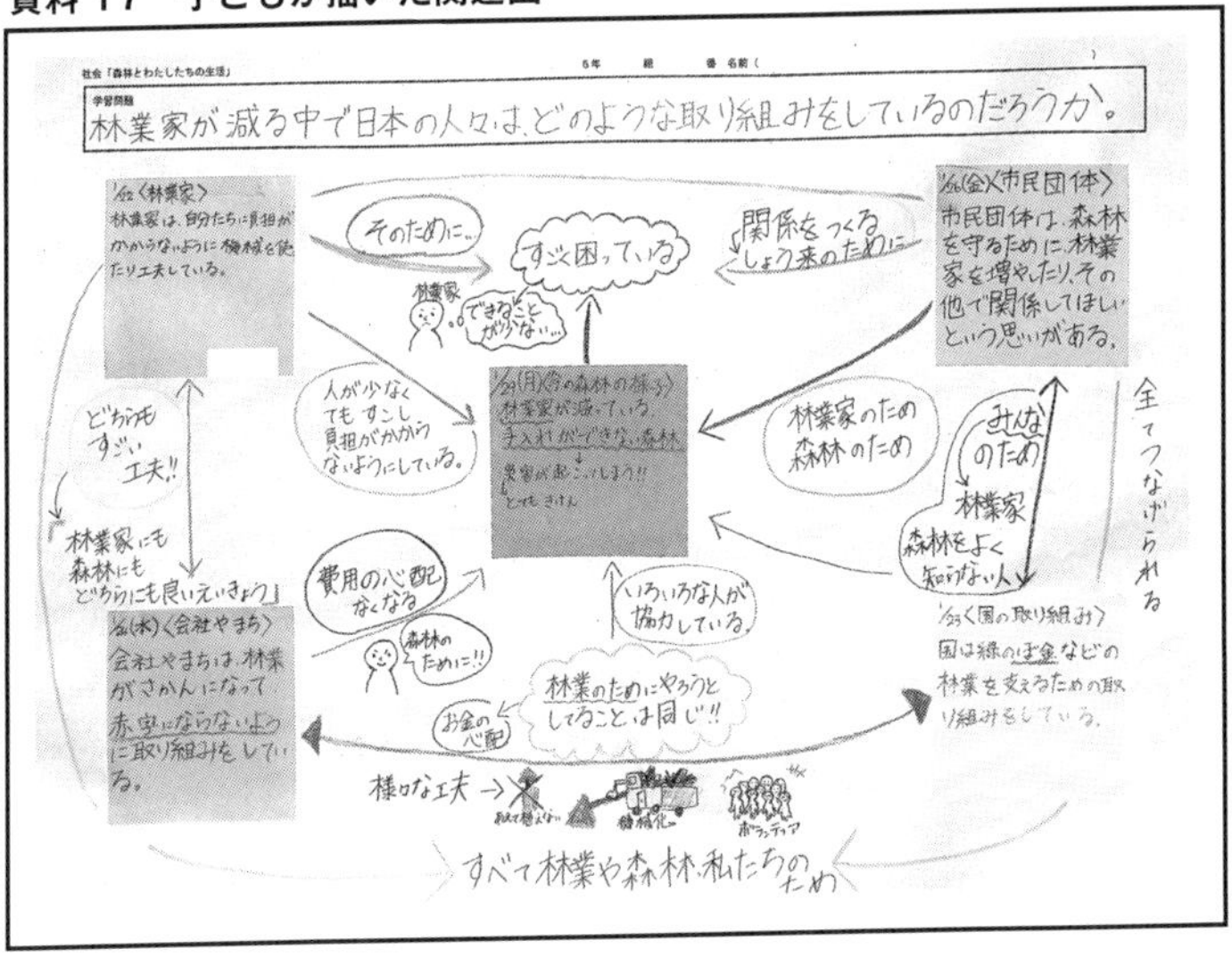

①「カードとカードが関係あると思ったら、線でつなぎましょう」

②「関係があると思った理由を線の上にかきましょう」

子どもたちは作業に没頭しはじめると、（図工のように隣同士で影響を受け合うこともありますが）一人一人が似て非なる関連図をつくりあげてくれます。

次は、「年表」づくりです。

次頁の資料18は、子どもがつくってくれた「年表」です。

指示は、「関連図」のときと同様ですが、最低限「出来事の経過がわかる」ようにすることを決めごとにしています。

資料18　子どもが描いた年表

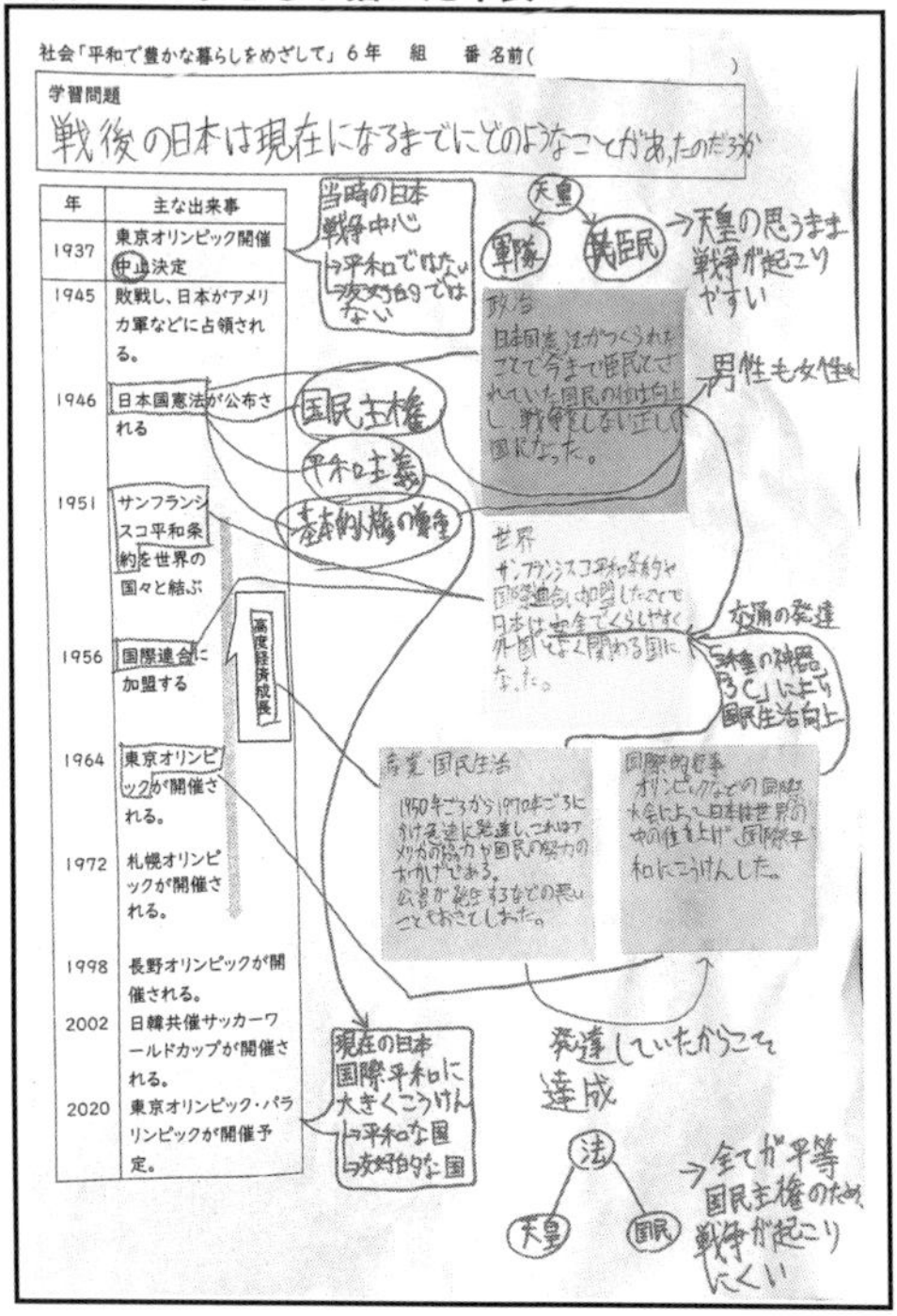

時系列で並べる割には、子どもによって本当に多様な年表ができあがります。線のつなぎ方や理由づけに、その子の学びや個性が投影されるからでしょう。なかには、めちゃくちゃになってしまいそうな気配を漂わせている子どももいますが、そんなときこそ教師の出番、「個に応じた指導」です。

子どもは、一人一人の思考の仕方が異なるので、その子が思考しやすいように水を向けるのが大切だと思います。声をかけるタイミングも大事ですね。教師にはめちゃくちゃに見えても、当の本人は理路整然としていると思っていることだってあるのですから。

＊

何をもってよしとするか。私の評価指標は「いかに正しいゴールにたどりついたかではなく、いかに教師が用意したゾーンに収まるか」にあります。要するに、最低限必要な要素が含まれていればいいという考え方です。

教科によって許容するゾーンの広さや角度は変わると思いますが、少なくとも、「合格ラインはたった1つ、それ以外はすべて失格」にはけっしてしません。このように、「まとめ」に一定の幅をもたせることができれば、子どもたちは自由な発想で、自分なりの解釈をつくりだしていけるようになるのだと思います。

6　深めるタイムを活用する

授業における対話の活性化は、上述した「話し合い言葉」の活用によって、相当程度保障することができます。しかし、それだけでは済まないことも、授業ではよく起きます。子どもたちの誰もが自由闊達に発言している、友達の発言にもつながり合っている、しかも楽しそう、だけど、肝心の学びがちっとも深まっていないという状況がそれです。

私は最初のころ、話し合いが1つの方向に流れていても、「ちょっと質問なんですけど」と言える子どもたちにしたいと考えていて、「気になることがあったら、どんどん質問するといいよ」と言っていました。

しかし…話し合いの話題が本筋（授業のねらい）から外れて枝葉に逸れてしまう。（議論好きな子どもは枝葉の話題になると余計に食いついてくるものだから）かえって議論が白熱してしまって収拾がつかなくなる、なんとか軌道修正しようと試みるのだけど終業のベルが鳴ってしまい、本時のねらいにたどりつけない…こんなことを繰り返していました。

ほかにも、子どもに託す対話には、常に次のリスクを抱えます。

●あいまいな意見の応酬になる。
●明らかな思い違いを起点として、話し合いが進む。
●一面的な考えに対する反対意見が出ない。

なんとか状況を打開しようとするのだけど、ちっともうまくいきません。そんなとき、ふと頭をよぎりました。〝私たち大人が行う会議って、どんなふうにやってたっけ〟と。

思い返してみれば、会議の冒頭で、「ちょっと質問なんですけど」などと割って入ることなどそうはありません。まずは提案内容の理解に神経を集中させるから、質問を考える余裕などないからです。もしかすると、「私は非現実なことを子どもに要求していたのではないか」と思ったのです。子どもを迷走させてしまっていたのではないか。その結果、子どもを迷走させてしまっていたのではないか。

そこで、考えたのが「話し合いに段階をつける」ということでした。具体的には、次の3つです。

①自分の考え（主張）を友達と関連させながら発言する。
②話し合いをいったん区切り、出された意見に対して疑問や意見を考えさせる。
③出された疑問や意見について、話し合いをリスタートする。

このうちの②を「深めるタイム」と呼ぶことに決めました。

この「深めるタイム」は、授業のねらいに迫る子どもの発言を掘り下げたり、友達の考えのよさに目を向けさせたりすることが目的です。また、自分の意見の考え違いに気づきやすくなるという効果もあります。

この時間を、まとめを書く前あたりに置きます。主立った意見が出された後、掲示物（資料19）を示しながら、「では、これから深めるタイムね」と切り出します。時間を数分取り、疑問や意見を考えるようにします。また、アウトプッ

資料19 「深めるタイム」掲示物

深めるタイム

★話し合っていること（出た意見）について、コメントや質問を考えよう

コメントや質問の考え方
・**くわしく**なるように
・**視点が広がる**ように
・友達の**発言のよさ**を見つける

トの機会を保証するために、ペア学習も取り入れます。すると、思いがけないことが起きました。子どもたちの対話に、これまでになかった多面的な発想が生まれるようになったのです。

ここで、社会科を例に具体を紹介します。「よりよい農業のために何が大切か」を考える授業です。

対話のスタートは、「農家はどのような努力をすればよいか」でした。子どもたちからは次の発言です。

「消費量が減っているから、米の値段を安くすればいいと思う」
「もっとおいしさの工夫をする。たとえば無農薬をもっと進めればいい」
「スマート農業の機械など、もっと自動で行える機械を使うようにすればいい」

この段階での子どもたちの改善策は一面的です。「農家が○○をやればいい」という、生産者の自助努力にのみ目が向いています。

この場面で、「深めるタイム」を挟んだところ、子どもたちの考えに次の変化が見られました。

「米を安く売るようにすると、安全性について手をかけられなくなるのではないか」
「安くなってしまうと、農家の人たちは赤字になると思う」

資料20　米づくりのこれからの板書

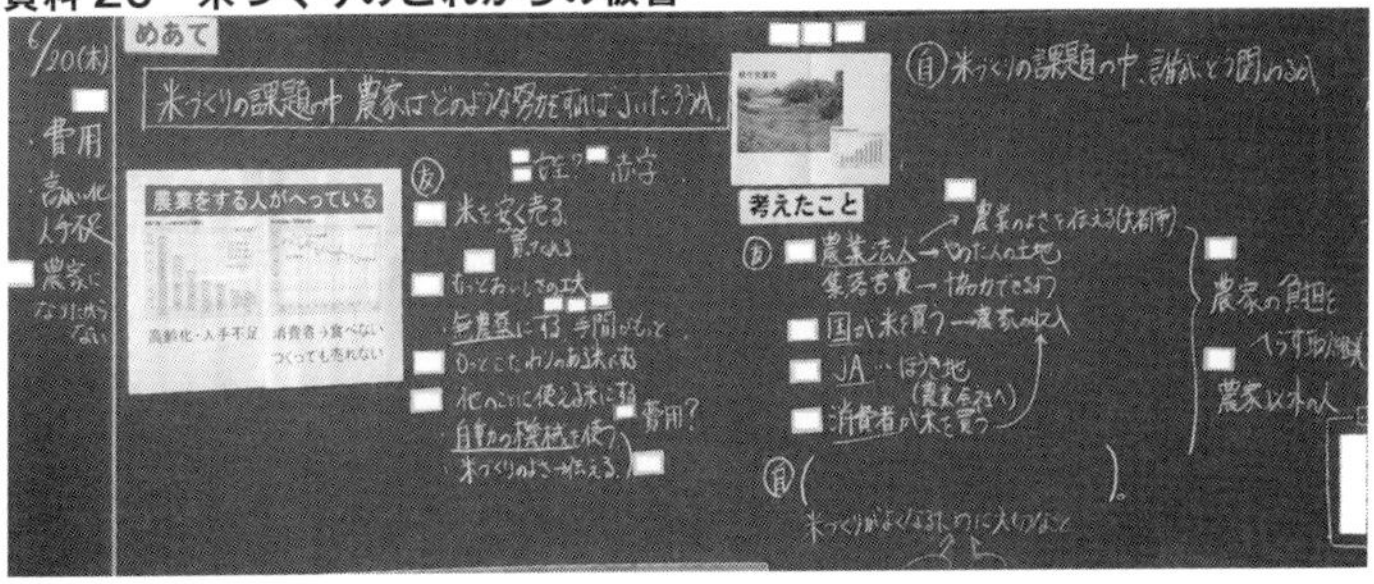

「無農薬は消費者にとってはいいことだけれど、ただでさえたいへんな農家の人たちの負担がもっと増えてしまう」

「スマート農業の機械は便利だろうけれど、普通の農業機械だって高いから、農家の人たちにとってはお金がたいへんになる」

これらの発言から、「日本の農業は、農家だけの問題ではない。さまざまな立場の人たちがかかわっていくことが必要なのではないか」という思考にシフトしていることがわかります（資料20）。

ただ、この「深めるタイム」も万能ではありません。本筋（授業のねらい）から外れて枝葉の議論に終始してしまう問題までは回避できなかったのです。子どもの発想に頼るわけですから、ある程度は仕方ないのですが、放置すれば不毛な対話になってしまいます。

そこで、この問題に対してだけは、私が表立って積極的に介入することにしました。

どんな発言でも許容することを前提としつつも、枝葉の議論に流れていきそうになったら、できるだけ短い時間で切り上げるように声をかけます。また、司会者の立場を意識しながら、次のように、本筋につながりそうな発言を取りあげるようにしました。

「私は、一部の人たちだけではない、みんなのいろいろな考えを聞きたいと思います。だからここで、ちょっと今日の授業の『問い』を見返してみましょう」と。

＊

子どもたちから縦横無尽に活発な発言が飛び出す授業があります。ぱっと見には、とてもいい授業をしているように見えます。実際、本当にいい授業なのかもしれません。ただ、そんな授業であっても、注意深く観察していると、活発な子どもの発言の裏側で、その話し合いについていけない子どもの存在に気づくことがあります。彼らにとってその時間はただ退屈で、場合によっては疎外感さえ感じているかもしれません。

どんな学級でもそうなのです。（一部の例外を除いて）すべての子どもがみんなの前で活発に発言することなどありません。そうであるからこそ、全員参加を目指して授業をつくりたいのです。

友達の意見にうなずいたり首をかしげている、姿勢が前のめりになっている、ペアには自分の考えを伝えられている、すなわち、たとえみんなの前では発言できなくても、話し合いにはついていけている、そんなふうに私はしたい。

そのための「深めるタイム」であり、「学習は自分たちで深める」という意識を涵養する絶好の機会となるのです。

互いに支え合う学び合い

「学び合い」という手法は、教育界で知らない人がいないくらい、すっかり浸透しました。私自身は、上越教育大の西川純先生の著書から学ばせてもらいました。

「学び合い」には、学級全体での学び合い、グループでの学び合い、教科の特性に応じた学び合いなど、さまざまなアプローチがあると思います。そのなかで、私は社会科の「まとめの作品づくり」（関係図、年表など）における「学び合い」を実践しています。

その目的は、作品の完成に向けて、子ども同士でサポートし合えるようにすること、考えの多様性を促して相互に補完し合う関係をつくることの2つです。

私の考える「学び合い」は、進行状況の見える化です。誰が課題を終えていて、誰はまだ課題に取り組んでいる最中なのかを視覚的に把握できるようにします。

私は、ホワイトボードにネームプレートを貼っておき、完了した子からネームプレートの場所を移動させるようにしています。そうすることで、課題を早く終えた子、サポートが必要な子を確実に把握できます。このような方法を取り入れたことで、子どもがつくる「関係図」がより豊かなものになりました（資料21）。

「学び合い」の手法を取り入れているのは、この「作品づくり」の場面だけではありません。算数の習熟問題で全員合格を目指す場面、体育でマット運動を行う場面、家庭科でミシン縫いを習熟する場面など、機会を見つけては行っています。

私が「よし！学び合いをしてみよう」と判断するのは次の場面です。

資料21　図の変化

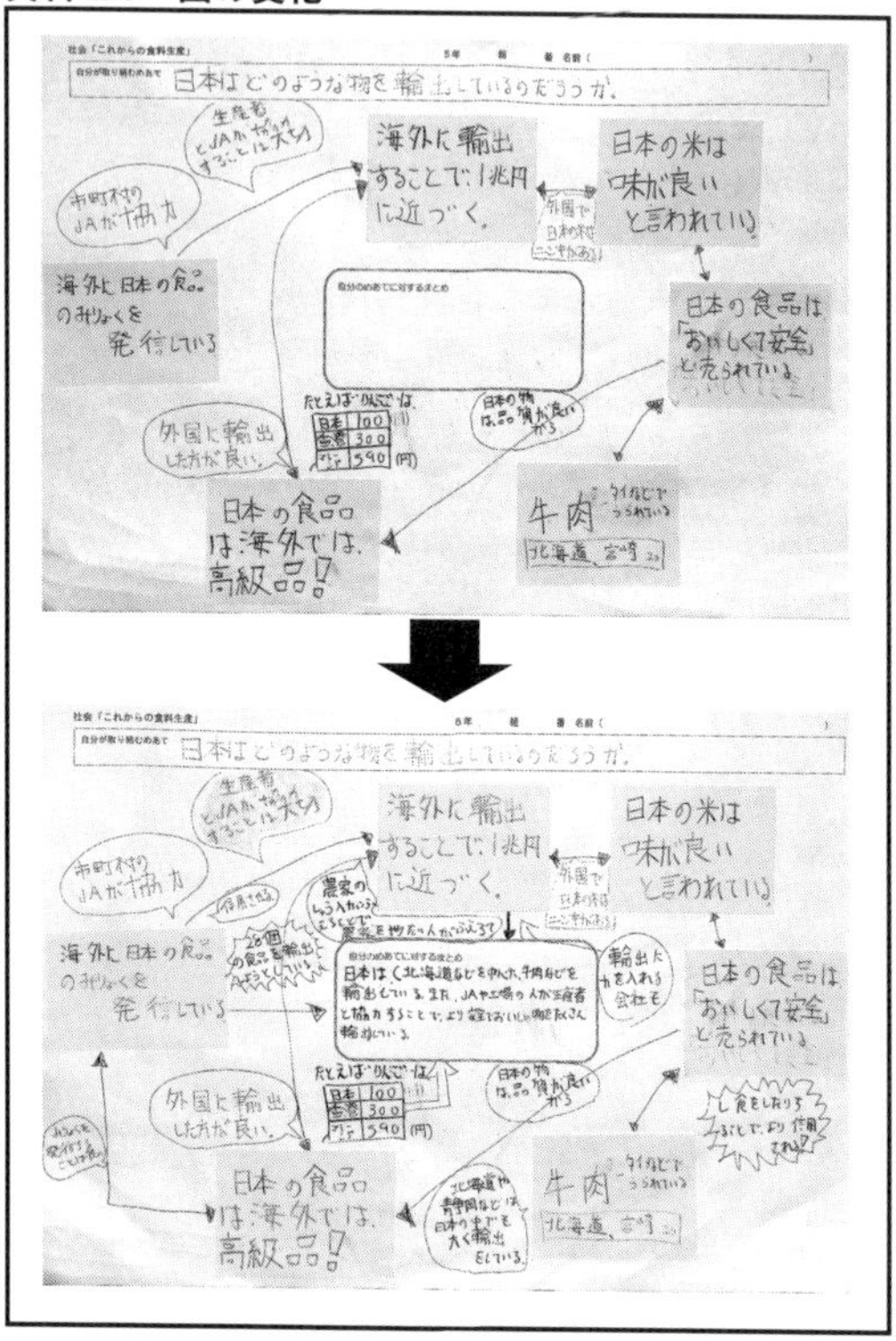

●課題達成の進度に、大きなばらつきが出そうだ。
●進んで交流する目的を子どもたちが見いだしやすそうだ。

「学び合い」は、子ども一人一人の感情やコミュニケーション能力に左右されます。声をかけることが苦手な子どもであれば、課題を終えられずに困っている子に気づいても、声をかける勇気を奮い起こすことができません。気になりながらも、結局はいつものメンバーとの交流を優先します。このようなとき、「学び合い」は成立しません。

そんな姿に気づいたら、私は躊躇せずに声をかけます。

「Aさん、まだBさんたちとしか交流していないよね。お隣の班とも交流してみようか」

「Cくん、さっきからサポートせずうろうろしてしまっているよ。Dさんがちょっと困っているようだから、声をかけてみて」

声をかけることが苦手な子も、指名されることで〝先生に言われたから、しょうがないな〟という体《てい》で声をかけることができます。こうした教師のちょっとした合いの手が、子ども同士の「学び合い」には必要なのだろうと思います。

自分だけの力では思いつかないような考えをもっている人のおもしろさに気づける。これは、相手意識や多様性の尊重につながるでしょう。

困っている人をサポートできる。これは、「自分は誰かの役に立つことができる」という自己効力感をはぐくんでくれるでしょう。

そして、もし「できないところがある自分」を周囲が受け入れてくれるのであれば、〝わたしにも居場所がある〟と感じられる。そんな心地のよい安心感に包まれながら、伸び伸びと学んでいってくれるでしょう。

そんな授業や学級を、私はこれからもつくっていきたいのです。

おわりに

『学習指導要領解説　総則編』（平成29年告示）には、授業づくりにおける学級経営の重要性について、次のように書かれています。

> 学級は、児童にとって学習や学校生活の基盤であり、学級担任の教師の営みは重要である。
>
> 〈中略〉
>
> 学級経営を行う上で最も重要なことは学級の児童一人一人の実態を把握すること、すなわち確かな児童理解である。（中略）日ごろから、児童の気持ちを理解しようとする学級担任の教師の姿勢は、児童との信頼関係を築く上で極めて重要であり、愛情をもって接していくことが大切である。
>
> また、学級を一人一人の児童にとって存在感を実感できる場としてつくりあげることが大切である。すなわち、児童の規範意識を育成するため、必要な場面では、学級担任の教師が毅然とした対応を行いつつ、相手の身になって考え、相手のよさを見付けようと努める学級、互いに協力し合い、自分の力を学級全体のために役立てようとする学級、言い換えれば、児

童相互の好ましい人間関係を育てていく上で、学級の風土を支持的な風土につくり変えていくことが大切である。さらに、集団の一員として、一人一人の児童が安心して自分の力を発揮できるよう、日ごろから、児童に自己存在感や自己決定の場を与え、その時その場で何が正しいかを判断し、自ら責任をもって行動できる能力を培うことが大切である。

ときどき、私はこんな授業を見ることがあります。

「授業者の理論はすばらしく、授業でも明確に用いられているのだけど、肝心の子どものほうには学ぶ意欲が感じられない」

こうした授業が生まれるのはなぜでしょう。（いくつか考えられそうですが）典型例もあります。それは、授業者が（教師としての自分にではなく）子どもの側にうまくいかない原因を求めてしまうことです。そんな授業を見るたびに、私はかなしい気持ちになります。なぜなら、そうである限り、よりよい学習はいつまで経っても実現されないからです。

世の中には「カリスマ教師」と呼ばれる人たちがいます。人間的に魅力があり、言葉では言い表せないようなオーラを発している人たちです。そのような教師は（学校の内外を問わず）人々からの注目を浴びます。

なぜ、注目されるのか。ただ「指導がすごいから」というだけではないように思います。

それは、全国の教員数に比して数が少ないという希少性があるからです。ということは、裏を返せば、ほとんどの教師はカリスマにはなれないということです。

私も、その一人です。そんな私が本書を執筆したのは、カリスマ性のもち合わせがないからこそできる指導もあるのではないか、そんな思いからでした。それが、本書で幾度となく登場する黒子の見えざる指導力です。

ますます価値観が多様化する社会のなかで働き方改革が叫ばれ、いかに効率よく成果を出すかが求められている学校現場、それが私たちの職場です。

そんなご時世だからこそ、教師の指導とは何かについて、いま一度立ち止まって考えてみる必要があると思います。

教師の仕事は、授業や子どもの指導だけではありません。事務仕事に目を向ければ、効率を上げられる余地はたくさんあると思います。しかし、指導力向上となると、話はそう簡単ではありません。

むしろ、効率や生産性とは相容れない、一見ムダだと思われることのなかに、教師の成長を促すさまざまな因子があると思うからです。それは、目先のテクニックではたどりつけない、深みや味があります。それらなくして、子どもたちの教育を担うことはできないと私は思うのです。どれだけ生産性が低くとも、日々、子どもの姿から学びながら、愚直に積み重ねていくほかありません。

そのためか、（授業づくりにせよ、学級づくりにせよ）子どもに寄り添いながら真摯にがんばっている教師に限って、教師としての自分のよさに無自覚であるような気がします。そうした教師は、自分の感覚・感性をあえて言語化しようとは思わないからでしょう。ただ、それではもったいないようにも思います。

箇条書きでもよいと思います。教師としての自分の特徴やいいと思うことを紙に書き出してみるのです。それだけでも、職業人としての自分自身や実践、そこに込めた思いやこだわりを客観的に知るよい機会となります。

実際、本書を書き進めながら、自分の実践のなかに新たな発見を見いだし、新たな着想が湧いてくるのを感じました。

本書が、みなさんの学級づくりと授業づくりの一助となれば幸いです。学級の子どもたちが、教師の想定を軽々と超えて、前向きに力強く学び出すことを願って。

＊

最後に、本書の執筆にあたっては、東洋館出版社の高木聡さんに多大なるご尽力をいただきました。高木さんとのディスカッションを通して、私自身が行ってきた学級づくりや授業づくりの意味がより明確になりました。この場を借りて厚くお礼を申し上げます。

令和2年6月吉日　横田　富信

横田 富信（よこた・とみのぶ）

東京都世田谷区立経堂小学校指導教諭

1979年生まれ。東京都八王子市出身。東京学芸大学教育学部中等教育教員養成課程社会専攻卒。日野市立小学校、杉並区立小学校を経て、平成28年より現職。東京都教職員研修センターや各地区での研修会・研究会等で、小学校社会科の授業づくりや学級経営について講師を務める。国立教育政策研究所「評価規準、評価方法等の工夫改善に関する調査研究（令和2年、小学校社会科）」協力者。

黒子先生の見えざる指導力

2020（令和2）年7月1日　初版第1刷発行

著　者　横田富信
発行者　錦織圭之介
発行所　株式会社　東洋館出版社
〒113-0021　東京都文京区本駒込5-16-7
営業部　電話 03-3823-9206／FAX 03-3823-9208
編集部　電話 03-3823-9207／FAX 03-3823-9209
振替　00180-7-96823
URL　http://www.toyokan.co.jp
装　幀　中濱健治
印刷・製本　藤原印刷株式会社

ISBN978-4-491-04044-8　Printed in Japan